Wildkräuter

Gundelrebe

Erica Bänziger

Wildkräuter

FONA

Inhaltsverzeichnis

Einführung

Rezepte

Menge

Wo nicht anders vermerkt, sind die Rezepte für 4 Personen berechnet.

Abkürzungen

EL = gestrichener Esslöffel
TL = gestrichener Teelöffel
dl = Deziliter
ml = Milliliter
l = Liter
Msp = Messerspitze

Zweite Auflage

www.fona.ch
Verantwortlich für das Lektorat:
Léonie Haefeli-Schmid
Gestaltung Cover (Reihencharakter):
Dora Eichenberger-Hirter, Birrwil
Gestaltung Inhalt: FonaGrafik,
Doris Niederberger
Food- und Pflanzenbilder:
Andreas Thumm, Freiburg i. Br.
(Seiten 14, 25, 45, 53 rechts, 57:
Beat Ernst, Basel)
Lithos: Repro Schicker AG, Baar
Printed in Germany

ISBN 978-3-03780-332-5

Weidenaster

Vorwort

Als Naturmensch durch und durch – für manche bin ich ein Naturfreak – streifte ich schon als Kind durch Wiesen und Wälder. Die wilde, unberührte Natur hat es mir besonders angetan. So finde ich etwa in der Umgebung der Kompostdeponie immer wieder wunderbare, oft noch unbekannte, aber meist essbare Wildkräuter. Schon früh war ich neugierig zu erfahren, was da so alles sprießt und wächst. Ernährungsfreak wie ich auch bin, wollte ich irgendwann wissen, wie viel Genuss in den Wildkräutern denn überhaupt steckt.

Man fängt einfach einmal an, die noch unbekannten Kräuter mit Hilfe von Büchern oder in Begleitung von Fachleuten zu bestimmen. So lernt man die Kräuter nach und nach besser kennen. Es werden von Jahr zu Jahr mehr, und man wird auch immer mutiger und degustiert dann schon vor Ort die essbaren Kräuter und Blumen. Wo immer man sich befindet, der Blick für die Pflanzen auf Wegen, an Mauern, in Hecken ist geschärft.

Wer sammelt, der sollte auch kochen. Nicht alles, was ich zubereitet habe, hat auch wirklich geschmeckt. Jeder Wildkräuterfreak hat seine Vorlieben, seine Lieblinge. Für mich sind es beispielsweise der Giersch, die Hopfensprossen, das Barbarakraut, die Wilde Rauke, die Brennnessel und der wilde Nüssli-/Feldsalat.

Ja, es stimmt, es gibt schon ein paar Wildkräuter-Kochbücher auf dem Markt. Aber nachdem meine Kursteilnehmer immer wieder nach meinen Wildkräuter-Rezepten gefragt haben und es der Verlegerin nach einem Wildkräuterkurs im Malcantone/Tessin den «Kräuterärmel» reingenommen hat, wusste ich, was zu tun ist. Das Resultat liegt nun vor Ihnen. Ich hoffe, Sie schon bald zur wachsenden Gilde der Wildkräuterweiblein und Wildkräutermännlein zählen zu dürfen, die im Frühling die Wiesen nach essbarem Grünzeug durchstreifen. Vielleicht treffen wir uns ja mal beim Kräutersammeln und Sie verraten mir dann Ihre besten Wildkräuter-Rezepte.

Man kann mit Wildkräutern sehr kreativ kochen. Es hat sich einmal mehr gezeigt, dass in der Reduktion, in der Einfachheit kulinarisch Erstaunliches entstehen kann. Dabei können bei den Kräutern die Grammangaben nur Richtwerte sein. Denn, wer geht schon mit der Waage in die «Wildnis»? Auch findet man nicht immer von allen Wildkräutern die gewünschte Menge. Und so liegt es in der Sache der «Natur», dass immer wieder neue Rezepte entstehen.

Ich wünsche Ihnen viel Freude und besinnliche Stunden beim Sammeln und Kochen der Gaben von Mutter Natur. Grazie mille per questi regali della mamma natura!

Erica Bänziger

Verscio, im Frühling 2008

Einführung

Einführung

Verwechsungsgefahr

Obwohl die Fotos und der Text aussagekräftig sind, ist dieses Buch nicht in erster Linie ein Pflanzenbestimmungs-, sondern ein lustvolles, inspirierendes Kochbuch. Ich empfehle allen, die ein vertieftes Wildkräuterwissen gewinnen möchten, das Buch «Essbare Wildpflanzen, 200 Arten bestimmen und verwenden», von Guido Steffen Fleischhauer, AT Verlag. Wer sich unsicher fühlt, sollte unbedingt einen praktischen Wildkräuterkurs bei einer Fachperson besuchen. Denn unter Anleitung lernt man die Pflanzen besser kennen und bekommt mehr Sicherheit. Ein Auffrischungskurs und eine Vertiefung des Wissens ist nach ein paar Jahren sinnvoll. Mehr dazu finden Sie unter anderem unter www.essbare-wildpflanzen.de. Hier hat der Autor Adressen von Kursen zusammengestellt. Wer Wildkräuterkurse anbietet, kann sich hier ebenfalls melden und seine Kursaktivität eintragen lassen.

Auf jeden Fall wird jedem Sammler empfohlen, nur Pflanzen zu pflücken, die er mit absoluter Sicherheit kennt. Im Zweifelsfall: Hände weg! Wenn nach dem Verzehr von Wildkräutern Unwohlsein auftritt, sofort den Notfalldienst aufsuchen!

Schweizerisches Toxikologisches Informationszentrum Zürich
Tel. 145 oder aus dem Ausland 0041 44 251 51 51

Im Buch von Guido Steffen Fleischhauer findet man auch alle Giftpflanzen, welche den essbaren Wildpflanzen ähnlich sind und zu einer Verwechslung führen können.

Gelber Eisenhut *Aconitum*
Die Blätter des Wiesenstorchenschnabels können mit jenen des Gelben Eisenhuts verwechselt werden (wird im Buch nicht erwähnt).

Hundspetersilie *Aethusa cynapium*
Tödliche Verwechslungen mit essbaren Wildpflanzen sind nur aus alten Literaturquellen bekannt. Man vermutet, dass es sich eher um den Gefleckten Schierling als die Hundspetersilie gehandelt hat. Beim Zerreiben der Blätter verströmt die Hundspetersilie einen unangenehmen Geruch, im Gegensatz zu den essbaren Arten wie Süßdolde, Giersch und Bibernelle. Die Hundspetersilie könnte bei sehr ungeübten Pflanzenkennern mit dem in diesem Buch vorgestellten Giersch und dem Wiesenbärenklau oder dem Wiesenkerbel am ehesten verwechselt werden. Wiesenbärenklau und Giersch haben aber beide sehr viel dickere, fleischigere Blätter. Ich habe in diesem Buch bewusst auf die meisten Kräuter verzichtet, die zu einer Verwechslung führen können! Eine Ausnahme bilden der Giersch und der Wiesenbärenklau, welche zu den schmackhaftesten und vielseitigsten Wildkräutern gehören. Ohne die beiden wäre das Buch unvollständig. Im Zweifelsfall lässt man sich die beiden Pflanzen von Kennern zeigen, um sie sicher ernten und verwenden zu können.

Gefleckter Aronstab *Arum maculatum*
Der Bärlauch kann mit dem Gefleckten Aronstab verwechselt werden.

Giftiger Wasserschierling *Cicuta virosa*
Wiesenkerbel, Gewöhnlicher Bärwurz und Wiesenbärenklau können mit dem Giftigen Wasserschierling verwechselt werden.

Herbstzeitlose *Colchicum autumnale*
Der Bärlauch kann mit der Herbstzeitlose verwechselt werden.

Gefleckter Schierling *Conium maculatum*
Schon 50 g der frischen Pflanze führen zum Tod. Bei einer Vergiftung kommt es zuerst zu einem Zungenbrennen, dann stellt sich eine Lähmung der Zunge ein und es kommt zu Erbrechen. Bei diesen Anzeichen den Notarzt rufen oder in die Notfallstelle des nächstliegenden Spitals gehen.
Den Schierling erkennt man an den violetten bis rötlichen Flecken am Stängel. Diese fehlen beim Wiesenkerbel, mit dem der Schierling verwechselt werden könnte. Die Blätter des Schierlings sind im Gegensatz zum Wiesenbärenklau mehrteilig und vor allem viel feiner gegliedert.

Gewöhnliches Maiglöckchen *Convallaria majalis*
Die Bärlauchblätter können mit den Maiglöckchenblättern verwechselt werden. Der Bärlauch verströmt aber beim Verreiben einen auffälligen Knoblauchgeruch, was beim Maiglöckchen nicht der Fall ist. Im Zweifelsfall Blätter stehen lassen!

Roter Fingerhut *Digitalis purpurea*
Der Beinwell kann mit dem Roten Fingerhut verwechselt werden.

Sumpf-Schachtelhalm *Equisetum palustre*
Der Ackerschachtelhalm (wird im Buch nicht vorgestellt und verwendet) kann mit dem Sumpf-Schachtelhalm verwechselt werden.

Eibe *Taxus baccata*
Kommt im Buch nicht vor.

Stinkender Wacholder *Juniperus sabina*
Kommt im Buch nicht vor.

Wo, wie und wann sammeln?

Wieviel sammeln?
Man sammelt nur so viele Pflanzen, wie man auch essen kann. Der Schatzkammer Natur ist mit dem nötigen Respekt zu begegnen.

Wo sammeln?
Nicht querfeldein durch fremde Wiesen stiefeln, das schätzen die Bauern nicht. Am besten bittet man die Bauern um Erlaubnis und begeht die Wiesen am Rand, um möglichst wenig andere Pflanzen zu zertrampeln. Orte, wo sich viele Menschen und Hunde aufhalten oder wo chemisch gedüngt wird, eignen sich nicht zum Sammeln von Wildpflanzen.

Wie vorbereiten?
Frischkräuter vor Verwendung gut waschen oder sogar kurz in Salzwasser einlegen. Nicht liegen lassen, sonst gehen die wertvollen Vitamine und Mineralstoffe «baden». Ein Schuss Apfelessig im Wasser vertreibt unerwünschte Bewohner.

Wie aufbewahren?
Frisch gesammelte Kräuter können in einer Vorratsdose oder in einem Plastikbeutel im Kühlschrank einige Tage aufbewahrt werden.

Wann sammeln?
Der beste Sammelzeitpunkt ist morgens früh, dann sind die Pflanzen taufrisch, also ideal zum Aufbewahren. Die Sammelzeiten variieren je nach Höhe und Region. Je südlicher, desto früher und länger sind die essbaren Wildkräuter pflückbar.

Alles sammeln?
Je nach Region und Land können Pflanzen geschützt sein und dürfen nicht gesammelt werden, zum Beispiel die Brunnenkresse.

Was die Wildkräuter zu bieten haben

Die meisten wildwachsenden, sich selbst aussäenden/vermehrenden Pflanzen sind nach unserem Verständnis Unkräuter. Und so werden sie von vielen Saison für Saison mit viel Arbeit aus dem Hausgarten verbannt. Diese Mühe kann man sich sparen und stattdessen «das Unkraut» als Wildkräuterspinat und Gesundbrunnen genießen. Vorbei sind die Zeiten, in denen man mit Gift und Hacke die «Eindringlinge» aus dem Garten verbannte. Die meisten unserer «Unkräuter» leben ja schon seit langem mit uns. Paracelsus hat uns die Antwort auf die «Unkräuter» gegeben: Die Kräuter, die wir zu unserem Wohl benötigen, wachsen und blühen vor der «Haustüre». Es lohnt sich, darüber nachzudenken und die Umgebung mit wachem Blick auf wilde «Unkräuter» anzuschauen. So kann so mancher Gärtner in seinem Garten den zähen, widerstandsfähigen Giersch, auch Zipperleinskraut genannt, finden. Der ausdauernde Giersch ist eines der besten Mittel gegen Harnsäureüberschuss. Der Giersch ist ein wunderbares Entsäuerungsmittel und sollte in jede Frühlingskur integriert werden. Das Gichtkraut, wie es im Volksmund auch heißt, wächst meist dort, wo viel Fleisch gegessen wird. Wenn man seine Wirkung kennt, kann das kein Zufall sein. Ein anderes Beispiel ist die «Allerwelts-Brennnessel» oder, wie sie ein «Kräuterguru» nennt, das Aschenputtel unter den Heilkräutern, die in unmittelbarer Nähe von uns Menschen sprießt. Wer die Heilwirkungen kennt, wird der faszinierenden Brennnessel in Zukunft bestimmt anders begegnen. Ich freue mich über jede Brennnessel und auch über die vielen anderen «Unkräuter».

Oft wird in Sachen Wildkräuter wegen der möglichen Giftigkeit Angst geschürt, was viele Unkundige davon abhält, die heilsamen Pflanzen zu verwenden. Natürlich gibt es einige wenige giftige Pflanzen, aber Gott sei Dank sind sie in der Minderheit. Mit ein wenig Aufklärung und Praxis wird man in der allernächsten Umgebung viel mehr Ess- und Genießbares als Giftiges finden.

Am besten besucht man als Einsteiger einen Wildkräuterkurs, damit man die wertvollen Vitamine und Mineralstoffe in Zukunft vermehrt aus dem «wilden Grün» generieren kann, und das kostenlos. Dass man nicht wild drauflos sammelt, sondern nur so viel pflückt, wie man «verkraften» kann, ist für einen echten Naturfreund selbstverständlich. Und wenn es Überschüsse gibt, werden diese in Form von Kompost der Natur wieder zurückgegeben. Außerdem lässt man an jedem Fundort genug Pflanzen stehen, damit deren Fortbestand gesichert ist.

Der Verzehr einheimischer Wildkräuter ist auch aus ökologischer Sicht sinnvoll. Wenn man im Frühling im Supermarkt Petersilie kauft, kommt diese aus Spanien. Anstelle der weitgereisten Petersilie bietet sich der bei uns weitverbreitete aromatische Giersch oder die Gundelrebe an.

Unsere Großeltern hatten zu den Wildpflanzen vor der Haustüre noch einen engen Bezug und haben ihr Wissen an die nächste Generation weitergegeben. Ich wünsche mir, dass mit diesem Buch wieder mehr Menschen und insbesondere auch Kinder die Vielfalt der heimischen Pflanzen kennen und schätzen lernen. Heute kommen unsere Pflanzen mehrheitlich aus dem Supermarkt. Sie sind fertig abgepackt. Ein Bezug zum Herkunftsland fehlt. Wer dagegen seinen Salat auf dem Spaziergang selber sammelt, bekommt ein ganz anderes Verhältnis zum Essen. Allein dieser Umstand macht das Sammeln und Konsumieren von Wildpflanzen so sinnvoll und gibt ein gutes Gefühl. Und wenn die vielen positiven Inhaltsstoffe zudem das Wohlbefinden fördern, kann das Glückseligkeit bedeuten.

Wie schon am Anfang erwähnt, leben die Wildpflanzen mit uns in einer Art Symbiose. Die Indianer nennen die Wildkräuter auch «Verbündete aus dem grünen Volk». Sie behaupten, dass man mit sieben Kräutern aus der Umgebung, zu denen man eine spezielle Beziehung hat, praktisch alle Leiden heilen kann. Ein Bekannter von mir, der gesundheitlich sehr angeschlagen ist, hat auf seinem Land reichlich Brennnesseln. Ich rate ihm immer wieder, das Kraut als kostengünstiges Heilmittel zu nutzen. Aber leider mäht er die Brennnesseln lieber, als ihre Inhaltsstoffe zu nutzen. Aber eben: die Nesseln sind gratis und die teuren Pillen zahlt die Krankenkasse.

Nährstoffe pro 100 g essbarer Anteil

Pflanze	Vitamin C	Vitamin B_1	Vitamin B_2	Vitamin E	Kalium	Magnesium	Kalzium	Eisen
Bärenklau	291							
Blumenkohl	73							
Bohne, grün	20							
Brennnessel	333	0,11	0,08	0,9	410	71	630	7,8
Brokkoli	114							
Chicorée	10							
Chinakohl	36							
Eisbergsalat	0,6	0,03	4	158	9	19	0,5	
Endivie	10							
Erbse, grün	25							
Franzosenkraut	125							
Gänseblümchen	87							
Gänsefingerkraut	402							
Gänsefuß	236							
Gartenmelde	157							
Giersch	201	1,6	210	510	67	230	4,3	
Grünkohl	95							
Guter Heinrich	184	0,9	184	730	660	110	3,5	
Huflattich	104							
Kopfsalat	13	0,08	0,5	230	10	35	1	
Kresse	59							
Lauch	30							
Löwenzahn	115							
Malve, wilde	178							
Mangold	39							
Nüssli-/Feldsalat	35							
Rosenkohl	114							
Rotkabis/-kohl	50							
Sauerampfer	117							
Scharbockskraut	131							
Spargel	21							
Spinat, frisch	52	0,1	0,23	2,6	640	60	125	3,5
Vogelbeere	98	2,6	1,3	0,08	230	17	42	2
Vogelmiere	115							
Weidenröschen	351							
Weißkabis-/kohl	46							
Wiesenknopf	360							
Winterkresse	314							
Wirz/Wirsing	45							

Ackersenf, Wilder Rettich, Senfkraut

Sinapis arvensis

Botanik

Der Ackersenf liebt nährstoffreichen, kalkhaltigen, lehmigen Boden bis auf 1300 m. Er verträgt die Trockenheit sehr gut und bevorzugt einen warmen, trockenen Standort. Der 30 bis 80 cm hohe Kreuzblütler mit der dünnen Pfahlwurzel ist einjährig und blüht von Ende April bis August/September gelb. Die Blätter sind ähnlich, jedoch etwa rauer als die des Rübenkohls. Zur gleichen Familie gehört der schwarze Ackersenf, der ebenfalls essbar ist. Der Ackersenf ist in ganz Europa verbreitet. Seine Samen sind extrem lange keimfähig, daher tritt er vor allem in Getreidefeldern als lästiges «Unkraut» auf. Er gedeiht aber auch an Wegrändern und im Hausgarten.

Sein aufrechter Stängel ist meist verzweigt und in Bodennähe rau behaart. Die unteren Blätter sind meist unregelmäßig gelappt und gezähnt. Oben am Stängel sitzen kleinere, längliche, eiförmige, gesägte Blätter. Aus der Blüte entwickeln sich längliche grüne Samenschoten.

Der Ackersenf sieht dem Hederich ähnlich, der ebenfalls essbar ist.

Küche

Die jungen, scharfen Blätter eignen sich für Salate und fein gehackt als Würze für Kräuterquark, Frischkäse und Suppen. Auch Gemüsezubereitungen sind möglich, allein oder in Kombination mit anderem Wildgemüse. Die essbaren Blüten sind eine schöne Garnitur. Die Samen sind im Juni reif und können wie Senfkörner verwendet werden.

Gesundheit

Die in den Blättern und in den Blüten enthaltenen Senfölglykoside und Schleimstoffe regen den Stoffwechsel an. Auch bei Lungenbeschwerden verspricht die Pflanze Linderung. Die Blätter enthalten reichlich Vitamin C und Karotin sowie Mineralstoffe. Die Pflanze besitzt antibiotische und verdauungsfördernde Eigenschaften.

Barbarakraut

Barbarea vulgaris

Botanik

Das Barbarakraut, es wird auch Gemeine Winterkresse genannt, ist ein Kreuzblütler. Die zweijährige Pflanze wird 60 bis 90 cm hoch. Je nach Standort – Acker- und Wegrand, Bahndamm, Kiesgrube und Uferböschung bis auf 1500 m – blüht die Pflanze von April bis Juli.

Das Barbarakraut sieht dem Ackersenf, ein ebenfalls essbares Wildkraut, ähnlich. Das Barbarakraut hat glatte, der Ackersenf raue Blätter. Der Ackersenf wächst bevorzugt auf Getreideäckern als «Unkraut».

Küche

Sehr junge Blätter haben einen kresseartigen, leicht bitteren Geschmack und sind ideal für Salate. Die Blätter können wie Spinat blanchiert werden. Das Barbarakraut hat bis in den Winter saftige grüne Blätter, sodass man mit fein gehackten Blättern fast ganz-

jährig Kräuterquark oder Frischkäse anreichern kann. Die Blüten sind ebenfalls essbar. Sie sind eine hübsche Garnitur oder man bereitet die zarten Blütenstände wie Brokkoli zu.
Die anderen Barbarakraut-Arten, z. B. das Mittlere Barbarakraut, werden gleich verwendet.

Inhaltsstoffe

Das Barbarakraut ist reich an Vitamin C und Senfölglykosiden, welche ihm den kresseartigen, scharfen Geschmack geben.

Gesundheit

Das Barbarakraut reinigt das Blut, entwässert, regt den Appetit an und fördert die Wundheilung.

Bärenklau, Wiesenbärenklau

Heracleum sphondylium

Botanik

Der mehrjährige, bis 1,5 m hohe Bärenklau gehört zur Familie der Doldenblütler. Die weißen Blüten öffnen sich von Juni bis Oktober. Die Pflanze liebt nährstoffreiche Wiesen und bevorzugt Lehm- oder Tonböden. In unseren Breitengraden ist der Bärenklau in den Wiesen allgegenwärtig. In der Schweiz nennt man ihn auch «Batzelikraut»; die Samen sind bei den Kindern als Spielmünze (Batzeli) beliebt. Die Pflanze hat gerillte, hohe Stängel mit großen, einfach gefiederten und gelappten Blättern. Bei nicht so fundiertem Pflanzenwissen ist es schwierig, den Bärenklau zu bestimmen. Und weil es ähnliche giftige Pflanzen gibt, ist in diesem Fall auf das Sammeln zu verzichten.

Barbarakraut

Bärenklau

Besonderes
Der Bärenklau kann wie sein großer Verwandter, der Riesen-Bärenklau, bei entsprechender Empfindlichkeit allergische Hautreaktionen auslösen.

Küche
Vom Bärenklau können alle Teile gegessen werden. Besonders schmackhaft sind die jungen Blätter, die von März bis Mai auf frisch gemähten Wiesen bis spät in den Herbst gesammelt werden können. Die Stängel sind ebenfalls essbar. Am besten zieht man vor dem Kleinschneiden die zähen Fasern ab. Junge, teils noch eingerollte Blätter werden in feine Streifen geschnitten und unter den Salat gemischt. Die Blätter können auch wie Spinat gedämpft und so für unterschiedliche Zubereitungen verwendet werden. Ältere Blätter müssen etwas länger gekocht werden. Der mild-würzige Geschmack der grünen Pflanzenteile erinnert ein wenig an wilde Karotten und Spinat. Der Wiesenbärenklau ist unter den Wildkräuterfreaks eines der beliebtesten Wildkräuter, nicht zuletzt aufgrund seines Geschmacks und der langen Vegetationszeit. Die Blüten sind ebenfalls essbar. Die noch grünen Samen können ganz oder gehackt als Gewürz verwendet werden, z. B. für die Herstellung einer Art Bier. Die leicht scharfen Wurzeln werden im Herbst als Gemüse zubereitet.

Inhaltsstoffe
Ölsäure wie im Olivenöl, Palmitin- und Linolsäure, Bitterstoffe, Betakarotin, Eiweiß, Eisen, Kalium, viel Magnesium, 8-mal so viel Kalzium und 20-mal so viel Vitamin C wie im Kopfsalat, ätherische Öle.

Gesundheit
In Volksheilkunde und Homöopathie wird die Pflanze bei Bluthochdruck, Verdauungsbeschwerden, Heiserkeit, Husten, Entzündungen im Rachenraum und gegen Kopfschmerzen empfohlen. Die Wurzel ist ein Aphrodisiakum, ähnlich wie der Ginseng in der asiatischen Medizin. Der Bärenklau wird deshalb auch der europäische Ginseng genannt.

Sammeln
In Kräuterbüchern wird ab und zu empfohlen, zum Sammeln größerer Mengen Bärenklau Handschuhe anzuziehen, da bei Empfindlichkeit nach Sonneneinstrahlung Hautirritationen auftreten können.

Bärlauch
Allium ursinum

Botanik
Der mehrjährige Bärlauch gehört zur Familie der Liliengewächse. Er wird bis 40 cm hoch und blüht von April bis Mai weiß. Er bevorzugt feuchte, schattige Laub-, Auen- und Bergmischwälder bis auf eine Höhe von 1000 m. Wo Bärlauch wächst, ist der Boden fruchtbar.
Ungeübte Sammler können die Blätter mit denen der giftigen Maiglöckchen verwechseln. Nur, der Bärlauch sprießt lange vor den Maiglöckchen. Und wenn man die Bärlauchblätter zerreibt, verströmen sie einen typischen, fast schon penetranten Knoblauchgeruch. Zudem sind die Bärlauchblätter gestielt, die des Maiglöckchens nicht. Ebenfalls verwechseln kann man den Bärlauch mit der giftigen Herbstzeitlose. Aber weil der Bärlauch nur im Frühling vorkommt, ist diese Verwechslung wirklich nur bei absolut Ungeübten möglich!

Küche
Der Bärlauch ist neben dem Löwenzahn sicher das bekannteste und beliebteste Wildkraut überhaupt. Ich verwende den Bärlauch am liebsten roh, d. h. für einen Pesto oder als Würze für Quark und Frischkäse. Man kann die fein geschnittenen Bärlauchblätter unter einen Omlettteig mischen oder gedämpft wie Spinat zubereiten, wobei sich dann sein scharfer Geschmack verliert. Für eine Suppe den Bärlauch erst ganz am

Bärlauch

Schluss zugeben und die Suppe nur noch heiß werden lassen (nicht mehr kochen), sonst wird der Bärlauch braun und das sieht nicht sehr appetitlich aus. Auch die Blüten und die Blütenknospen sind essbar, obwohl immer wieder behauptet wird, der Bärlauch sei zur Blütezeit ungenießbar! Richtig ist, dass die Blätter dann kaum noch Geschmack haben, dieser geht in die Blüten! Kenner schätzen auch die im Juni erscheinenden Samen. Für Wildkräuterfreaks sind sie der Grüne Pfeffer. Die Samen passen unter Frischkäse und Quark, aber auch getrocknet sind sie ein heimlicher Pfefferersatz! Die nach dem Rückzug der Pflanze im Boden verbleibenden Zwiebeln sind ebenfalls essbar.

Inhaltsstoffe

Lauchöl, Alliine, Flavonoide, Saponine, Polysaccharide, ätherische Öle, Schleimstoffe, reichlich Vitamin C (100 g frischer Bärlauch enthält 150 mg). Dazu kommen reichlich Kalium und das antioxidativ wirksame Mangan, das auch sehr gut ist für den Knochenaufbau!

Gesundheit

Der Bärlauch wurde in der Naturheilkunde schon immer als Heilpflanze verwendet. Er besitzt antibakterielle und antivirale Eigenschaften. Er wird bei Erkältungen, Magen-Darm-Erkrankungen, aber auch bei zu hohen Cholesterinwerten und bei Herz- und Kreislauferkrankungen empfohlen und als Medizin eingesetzt.

Seine Wirkung dürfte dem des Knoblauchs – man nennt ihn ja auch Waldknoblauch – ähnlich sein und dieser ist bekanntlich ein Tausendsassa in Sachen Gesundheit. Mit seiner blutreinigenden Wirkung bietet er sich im Frühling für eine Frühjahrskur an. Allgemein stärkt er und regt den Stoffwechsel an. Die Naturheilkunde verwendet ihn zusammen mit anderen Kräutern auch zur Ausleitung von Schwermetallen!

Beinwell, Gewöhnlicher; Arznei-Beinwell

Symphytum officinale

Synonyme

Beinheil, Beinbrechwurz, Wallwurz, Schmerzwurz, Honigblume, Honigglocke, Bienensaug, Hasenbrot, Milchwurz, Scheuerwurz, Schwarzwurz, Eselohrwurzel, Waldwürze, Himmelsbrod, Milchwurz, Soldatenwurzel

Botanik

Der mehrjährige Beinwell gehört zur Familie der Borretschgewächse. Er wird bis 80 cm hoch und blüht in den Monaten Mai bis Juli rosa-violett, gelb oder weiß. Er liebt feuchte, nasse, moorige und nährstoffreiche Wiesen und Auenwälder, wo er dann häufig sogar in Massen auftritt. Man findet ihn bis auf 1000 m, und das mit Ausnahme des Mittelmeergebietes fast in ganz Europa. Die Pflanze ist behaart und fühlt sich rau an. Bauern mögen die Pflanze nicht, weil sie sehr nährstoffzehrend ist und vom Vieh gemieden wird.

Verwechslung

Die Blätter des Beinwells unterscheiden sich vom stark giftigen Fingerhut nur am Blattrand, was bei ungeübten Sammlern zu einer Verwechslung führen kann. Deshalb sollte man den Beinwell nur sammlen, wenn man ihn absolut sicher kennt!

Küche

Der Beinwell ist eine der bekanntesten Wildpflanzen. Er wird in den meisten Gegenden auch als essbare Delikatesse geschätzt. Sowohl die Blätter wie die Blüten können verwendet werden. Die abgezupften Blütenstände bereite ich gerne im Ausbackteig zu (Wildkräuter im Ausbackteig, Seite 70). Oder große Blätter mit einem beliebigen Frischkäse, z. B. Ziegenfrischkäse, bestreichen, mit einem zweiten Blatt zudecken und im Ausbackteig backen. Die Blätter eignen sich auch für spinatähnliche Zubereitungen und für Suppen. Die Wurzeln werden geschält und roh für Salate verwendet. Ihr Geschmack erinnert an Schwarzwurzeln. Der Beinwell ist eine der wohlschmeckendsten und gesündesten Wildpflanzen überhaupt. Heute kennt man bestimmte Stoffe, die angeblich leberschädigend sind, wenn man zu große Mengen isst.

Inhaltsstoffe

Allatonin, Gerbstoffe, Schleimstoffe, Stärke, Triterpene, Asparagin, Phytosterole u. a.

Gesundheit

Der Beinwell ist eine wichtige Heilpflanze. Schon Paracelsus hat den Beinwell bei Knochenbrüchen und Verletzungen verwendet. Er wird vor allem bei allen Arten von Gelenkbeschwerden, Sehnenscheidenentzündungen, Gicht, Prellungen, Blutergüssen, Knochenbrüchen, Venenentzündungen meist in Form von Wickeln oder als Salbe eingesetzt. Als Tee kann der Beinwell bei Rheuma Linderung bringen. Das in der Wurzel enthaltene Cholin erweitert die Gefäße und fördert die Durchblutung. Das Blattchlorophyll ist laut Medizinern und Forschern wertvoll für den Stoffwechsel.

Brennnessel

Urtica dioica – große Brennnessel
Urtica urens – kleine Brennnessel

Synonyme

Esternessel, Donnernessel, Hanfnessel, Krauskopf, Haarnessel, Sennessel, Seuznessel

«Niemals kann sich Bösartiges bilden, wenn wir unsere gute Brennnessel nicht nur ehren, sondern in regelmäßigen Abständen uns ihre wunderbare Kraft in Form von Tee einverleiben.»

Maria Treben

Brennnessel

Botanik

Die mehrjährige Brennnessel gehört zur Familie der Brennnesselgewächse. Sie kann bis 1,5 m hoch werden. Blütezeit ist von Juni bis Oktober. Sie gedeiht praktisch auf der ganzen Welt bis auf 2500 m. Sie liebt nährstoffreichen Boden, sei es im Wald, am Wegrand, auf Schutt- und Kompostplätzen, an Gartenzäunen, im Gebüsch usw.

Wohltäterin des Pflanzenreiches

Die kleinen Brennhaare, die beim Abbrechen bienen- und schlangengiftähnliche Toxalbumine und Ameisensäure unter die Haut spritzen, hinterlassen kein «gutes Gefühl». Am stärksten ist übrigens die Brennwirkung vor und während der Blütezeit. Die kleine Brennnessel brennt stärker als die große Nessel. Wer mit den Nesseln in Kontakt kommt, findet meist in unmittelbarer Nähe den Ampfer, dessen zerknüllte Blätter Linderung schaffen. Einer der größten Heilpflanzenkenner, Wolf Dieter Storl, empfiehlt, die Stichstelle mit dem Saft des drüsentragenden Springkrauts (Rührmichnichtan, lat. Impatiens glandulifera), eine Bachblüte, einzureiben. Fragt man sich, weshalb sich die Nessel gegen das Pflücken wehre, bekommt man von Kräuterpfarrer Künzle die Antwort: «Wenn die Brennnessel keine Stacheln hätte, wäre sie schon längst ausgerottet worden, denn sie gehört zweifelsohne zu den genialsten und vielseitigsten Heilpflanzen.» Ihr hat der Kräuterpfarrer ein ganzes Buch gewidmet, was ihre riesige Bedeutung unterstreicht. Rudolf Steiner hat sie als «die größte Wohltäterin des Pflanzenreichs» bezeichnet. Jeder Bio-Gärtner kennt die Brennnesseljauche. Die Brennnessel war schon bei unseren Vorfahren hoch im Kurs. Die Doktoren verordneten früher Brennnesseltee und -suppe zur Körperreinigung. Eine vierwöchige Kur zweimal jährlich wird wärmstens empfohlen: ½ bis 1 Liter Nesseltee täglich trinken.

Inhaltsstoffe

Die Brennnessel ist reich an Vitamin C, Provitamin A, Kalzium, Eisen, Kieselsäure (davon profitieren Haut, Haare und Nägel) und wertvollem pflanzlichem Eiweiß. In Spuren enthält sie das Hormon Sekretin, das die Verdauungsdrüsen in Magen, Darm, Leber, Bauchspeicheldrüse und Gallenblase anregt. Weitere Inhaltsstoffe sind Flavonoide, Gerbstoffe und Acetylcholin. Die Blüten und Samen enthalten reichlich pflanzliche Hormone und wertvolle Fettsäuren. Das Eisen aus der Brennnessel kann unser Organismus übrigens sehr gut resorbieren, im Gegensatz zu anderen pflanzlichen Eisenquellen. Deshalb wird die Brennnessel auch zur Blutbildung und bei Blutarmut empfohlen. Die heilkräftige Nessel und besonders ihre Samenstände sind auch ein Potenzmittel. Liebesfeuer und Manneskraft lassen sich tatsächlich mit Brennnesseln anfachen, so der Kräuterkundler Storl. In mittelalterlichen Klöstern waren deshalb Brennnesselsamen strikte verboten. Nesselsamen führen in jedem Fall zu einer deutlichen Kräftigung der Konstitution. Die Brennnesselsamen enthalten wertvolle Mineralstoffe und Spurenelemente in konzentrierter Form. Aber nicht nur uns Menschen tut die Nessel Gutes. 70 Insektenarten leben von der Brennnessel und einige von ihnen könnten ohne sie gar nicht überleben.

Landwirte kennen die Wirkung von Nesselsamen bestens. Die Legeleistung der Hühner wird deutlich besser, wenn das Futter Nesselsamen enthält. Aber auch Züchter exotischer Vögel wissen um deren Wirkung; sie stimulieren den Fortpflanzungstrieb ihrer Vögel mit Brennnesselsamen.

Küche

Die gesunden, schmackhaften Brennnesseln verwende ich praktisch ganzjährig in meiner Wildkräuterküche, am besten schmecken aber eindeutig die jungen Triebe im Frühling. Später sammle ich nur noch die jungen Triebspitzen oder Blätter von schon gemähten, wieder ausgetriebenen Brennnesseln.

Brennnesseln werden immer blanchiert, also nie roh verwendet. Mindestens 3 Sekunden in kochendem Wasser zusammenfallen lassen. So kann man sie auch unter einen Salat mischen. Sehr schmackhaft sind im Herbst die Blätter mit den Samenständen. Im Ausbackteig sind sie eine wahre Delikatesse und ein Kraftpaket dazu.

Das Extra-Rezept: Für einen Brennnessel-Brotaufstrich 100 g weiche Butter mit 1 EL Olivenöl extra nativ, dem Saft einer Zitrone, einer durchgepressten Knoblauchzehe und etwas Kräutersalz würzen. 100 g blanchierte, fein gehackte junge Brennnesseln unterrühren. Mit knusprigem Brot servieren. Einfach himmlisch.

Brunnenkresse

Nasturtium officinale

Botanik

Die Brunnenkresse zählt zur Familie der Kreuzblütler (Brassicaceae). Sie wird im Volksmund auch Wasserkresse genannt. Die Pflanze gedeiht bevorzugt in frischen, nicht zu stark fließenden, sauberen Gewässern wie Quellen, Bächen und Gräben mit einer maximalen Tiefe von 40 cm. Die Triebe können 30 bis 90 cm lange kriechende bewurzelte Ausläufer machen. Mit der Zeit kann die Brunnenkresse ganze Ufer mit einem grünen Teppich überwachsen. Man kann sie dann sogar im Winter an milden Lagen finden. Die gefiederten Blätter stehen wechselständig an den hohlen Stängeln. Am Sprossende blüht die Kresse zwischen Mai und September weiß. Man kann die kresseartige, scharf schmeckende Brunnenkresse am Geschmack sehr einfach erkennen. Die Blätter sind je nach Jahreszeit zuerst sehr klein und werden dann immer größer. Zum Kennenlernen der Kresse und auch von anderen Wildkräutern ist es hilfreich, die Pflanze während der Vegetationsperiode immer wieder zu beobachten. Da es keine giftigen Pflanzen gibt, die der Brunnenkresse ähnlich sehen, brauchen wir keine Angst vor einer Verwechslung zu haben.

Die Brunnenkresse kommt praktisch auf der ganzen Welt vor. Leider wird sie immer seltener, weil es immer weniger klare, reine Gewässer gibt, wo sich die Pflanze wirklich wohl fühlt. Deshalb steht die Brunnenkresse auch je nach Land und Region unter Naturschutz. Man erkundigt sich am besten vor Ort, ob man sie überhaupt sammeln darf!

Küche

Die aromatische, scharfe Brunnenkresse verwendet man am besten roh für Salate oder Mischsalate. Fein gehackt eignet sie sich zum Aromatisieren von Quark, Frischkäse und für verschiedene Saucen. Ich liebe den Brunnenkressesalat mit einem weich gekochten Ei, gewürzt mit Olivenöl, Zitronensaft, Pfeffer und Salz. Ein feines Bauernbot macht den kulinarischen Genuss komplett. Kurz gedünstete oder gedämpfte Brunnenkresse ist im Geschmack milder.

Inhaltsstoffe

Die Brunnenkresse ist reich an Vitamin C (100 g decken den Tagesbedarf eines Erwachsenen). Bei Kopfsalat müsste man die 8-fache Menge verzehren. Zudem enthält die Kresse Senfölglykoside und Flavonoide.

Gesundheit

Die Brunnenkresse ist ein natürliches Antibiotikum. So ist sie etwa hilfreich bei entzündlichen Prozessen im Gaumen. Die Brunnenkresse kurbelt im Frühling den Stoffwechsel an und ist harntreibend und verdauungsfördernd. In der Volksheilkunde hat man sie schon immer bei Harnweginfektionen und zur Förderung der Gallensekretion eingesetzt. Auch eine krebshemmende Wirkung wird der Pflanze nachgesagt.

Ehrenpreis
Veronica persica

Botanik
Der Ehrenpreis gehört zur Familie der Braunwurzgewächse. Die einjährige, bis 30 cm hohe Pflanze gedeiht auf nährstoffreichen Lehmböden bis 1900 m. Man findet den Ehrenpreis aber auch oft in Mauerspalten. Die Pflanze blüht von Februar bis November.

Küche
Die Blätter des Ehrenpreises können von Februar bis Herbst als Zutat für Salate verwendet werden. Ich verwende die zarten blauen Blüten gerne als Garnitur für Wildkräutergerichte. Die Blätter können z. B. einem Omelettteig beigefügt werden oder mit anderen Wildkräutern gemischt zu Kräuterbutter verarbeitet werden. Allerdings sollte man nicht zu viel nehmen, weil die Blätter herb-aromatisch schmecken.

Gesundheit
Als Heilpflanze war der Ehrenpreis schon im Mittelalter begehrt. Man nannte ihn wegen seiner vielseitigen Wirkung auch «Allerweltsheil» und empfahl ihn sogar gegen die Pest! Seine Bitterstoffe regen die Verdauung und den Stoffwechsel an. Der Ehrenpreis wird auch für Teemischungen verwendet. Da er die Blutreinigung fördert, ist er auch bei allen Arten von Juckreiz, z. B. Neurodermitis, sehr hilfreich.

Feldsalat, Nüsslisalat, Rapunzel
Valerianella locusta

Botanik
Die einjährige Pflanze wird bis 20 cm hoch und blüht von April bis Mai blassblau bis weiß. Der Feldsalat gehört zur Familie der Baldriangewächse. Die Pflanze liebt nährstoffreichen, sandigen bis lehmigen Boden und gedeiht vor allem in wintermilden Regionen.

Küche
Die nussartig schmeckende delikate Salatpflanze, sie gilt als die Urform unseres Nüssli-/Feldsalates, wird von Februar bis April geerntet. Man kann die Blätter auch dämpfen und für alle Arten von Wildgemüsegerichten verwenden. Die Blüten sind ebenfalls essbar.

Gesundheit
Der Feldsalat ist reich an Betakarotin. Er enthält 3- bis 4-mal mehr Vitamin C als Kopfsalat, B-Vitamine, unter anderem wertvolle Folsäure, verschiedene Mineralstoffe und Spurenelemente wie Eisen, Kalzium, Magnesium, Kalium, Zink und Kupfer. Er ist ein Gesundbrunnen der feinen Art. Die vitalstoffreiche Pflanze reinigt das Blut und fördert die Verdauung, sie vertreibt die Frühjahrsmüdigkeit und stärkt den Organismus.

Fetthenne, Kleine; Felsenmauerpfeffer

Sedum reflexum

Botanik

Die Fetthenne heißt im Volksmund auch Tripmadam oder Salat-Fetthenne. Die mehrjährige Pflanze gehört zu den Dickblattgewächsen.

Die kleine Fetthenne blüht gelb. Man findet sie vor allem an sehr trockenen Standorten, an Wiesenrändern, auf steinigen Mauern und zwischen Felsvorsprüngen, aber auch an Waldrändern von trockenen Wäldern. Die fleischigen Blätter und Triebe werden roh vor allem für Salat verwendet. Mit ihrem säuerlichen Geschmack erinnern sie an Sauerampfer. Man kann die Blätter aber auch gekocht verwenden.

Fetthenne, Große

Sedum telephium agg.

Die Große Fetthenne wird bis 80 cm hoch. Blütezeit ist von Juli bis September. Die Blüten können weiß, rosa oder bis rot sein. Früher hat man die Fetthenne oft im Bauerngarten als Gemüsepflanze kultiviert, heute steht sie in vielen Gärten als reich blühende und sehr anspruchslose Zierpflanze. Sie gedeiht bis auf 1000 m. Man findet sie häufig in Waldlichtungen, an Wegen, in Hecken und in Böschungen.

Zur gleichen Familie gehört die weiße Fetthenne (*Sedum album*).

Küche

Die dicken, fleischigen Blätter der Fetthenne können fein geschnitten unter Salate gemischt werden. Besonders gut schmecken sie im Kartoffelsalat. Um den Geschmack zu verbessern, kann man die das Blatt umgebende dünne Pergamenthaut abziehen. Das Blatt der kleinen Fetthenne wird «ungeschält» verwendet.

Gesundheit

In der Volksheilkunde wird vor allem der geleeartige Saft zur Wundheilung und bei Hautauschlägen eingesetzt. Die Pflanze wird bei Krebsleiden empfohlen.

Besonderes

In Österreich kommt die Fetthenne selten vor und sollte deshalb nicht gesammelt werden.

Franzosenkraut, Behaartes

Galinsoga ciliata

Botanik

Die einjährige, bis 70 cm hohe Pflanze mit den gelblich-weißen Blüten gehört zur Familie der Korbblütler. Je nach Region heißt die Pflanze auch Knopfkraut.

Zu finden ist das meist nicht sehr beliebte wüchsige «Unkraut» in Gärten und Weinbergen, auf Kompostplätzen und Äckern sowie an Wegrändern. Das Franzosenkraut liebt nährstoffreichen Lehm- und Tonboden. Die Pflanze gedeiht bis auf 1200 m. Die sich rasch ausbreitende Pflanze ist für die heimische Flora keine Bedrohung.

Geschichte

Die aus Peru und Ecuador stammende Pflanze wurde nach den Franzosenkriegen um 1850 eingeschleppt. Sie hat sich sehr rasch verbreitet, was angesichts der wertvollen Inhaltstoffe auch seine Vorteile hat.

Franzosenkraut

Küche

Die ganze Pflanze ist mit den Blüten essbar. Im Frühling nach dem ersten Austreiben bis in den September können die Blätter zuerst roh für Salate verwendet und mit zunehmendem Alter als Spinat zubereitet werden. Die Stängel sind eher zäh und werden nicht verwendet. Der mild-aromatische Geschmack der Blätter erinnert an Schnittsalat. Wildkräuterfreaks sammeln auch die Samen und lassen sie im Winter auf dem Fensterbrett keimen. Das Franzosenkraut kann ähnlich und auch in Kombination mit Melde, Gutem Heinrich und Vogelmiere zubereitet werden, z. B. als schmackhafter Wildkräuterspinat. Was in der Küche kombiniert wird, wächst in der Natur meist nachbarschaftlich zusammen.

Inhaltsstoffe

Das Franzosenkraut ist vor allem reich an Mangan, enthält aber auch Kalium, Kalzium, Eisen, Magnesium und Vitamin C in beachtlicher Menge.

Gesundheit

Das Mangan im Franzosenkraut unterstützt insbesondere den Kohlenhydrat- und Fettstoffwechsel. In der Pflanzenheilkunde wird eine Tinktur aus dem Franzosenkraut sogar bei Krebsleiden eingesetzt, denn Mangan ist ein wichtiges Antioxidans. Vielleicht wächst die Pflanze gerade deswegen so üppig bei uns, weil wir dieses Spurenelement vermehrt benötigen, es aber in unseren überzüchteten Nutzpflanzen nur noch in geringer Menge vorkommt. In der Homöopathie wird die Pflanze bei grippalen Infekten verwendet.

Fuchsschwanz

Amaranthus retroflexus

Botanik

Der Fuchsschwanz, auch Zurückgekrümmter Fuchsschwanz genannt, gehört zur Familie der Amaranthgewächse. Die einjährige Pflanze wird bis 1 m hoch. Sie blüht von Juli bis September eher unscheinbar blassgrün. Die Pflanze gedeiht vor allem auf Wildkrautfluren, Äckern, Wegen, Schuttplätzen. Im Garten wird sie meist als lästiges «Unkraut» bekämpft. Die Pflanze kommt aus Nordamerika und liebt nährstoffreichen Boden.

Grüner Fuchsschwanz

Roter Fuchsschwanz

Küche

Von März bis Juni kann man die jungen Triebe inklusive der zarten Stängel für Salate und als Gemüse verwenden. Die Blätter schmecken sehr mild und sind entsprechend vielseitig verwendbar, z. B. zum Füllen von Gemüse, für Knöpfli/Spätzli, für grünen Kartoffelstock/-püree.

Die Blütenstände kann man ebenfalls essen. Sie schmecken ausgezeichnet im Ausbackteig (Wildkräuter im Ausbackteig, Seite 70). Je nach Standort und Wetter ist die Pflanze von April bis spät in den Herbst verfügbar.

Im September kann man mit etwas Geduld die Samen aus den Blütenständen klopfen. Sie können ebenfalls gegessen werden. Sie sind mit dem im Biohandel verkauften Amaranth botanisch verwandt.

Inhaltsstoffe

Die Blätter enthalten Vitamin C, Vitamin B_1, Betacarotin (100 g Fuchsschwanz decken den Tagesbedarf), reichlich essentielle Aminosäuren, viel Kalzium, Zink und Magnesium. Die Samen enthalten wertvolle ungesättigte Fettsäuren.

Gesundheit

Der Fuchsschwanz ist von hoher biologischer Wertigkeit, die dank dem hohen Anteil an Mineralstoffen optimal genutzt werden kann. Mit dem hohen Eisengehalt bietet er sich auch bei Blutarmut an. Die Pflanze soll auch entzündungshemmend sein.

Gänseblümchen

Gänseblümchen, Maßliebchen

Bellis perennis

Botanik

Das mehrjährige Gänseblümchen gehört zur Familie der Korbblütler. Die Blüten erscheinen von Januar bis November. Die bekannte Wiesenblume wächst praktisch überall in Mitteleuropa.

Küche

Die Blätter eignen sich für Salate und gedämpft als Gemüse oder für Suppen. Die Blüten haben einen kräftigen Geschmack und sollten nur als Dekoration verwendet werden. Geschmacklich erinnert das Gänseblümchen an den Nüssli-/Feldsalat.

Inhaltsstoffe

Kalium, Magnesium, Kalzium, Eisen, Vitamin A und C. Verschiedene Gerbstoffe, Saponine, Bitterstoffe, Schleimstoffe und Inulin.

Gesundheit

In der alten Heilkunde wurde das Gänseblümchen zur Anregung des Stoffwechsels und bei Leberleiden eingesetzt. Es hat auch eine blutbildende Wirkung. Ferner wurde es zur Behandlung von Akne und zur Wundheilung in Form von Umschlägen verwendet.

Gartensilberblatt, Mondviole

Lunaria biennis

Botanik

Die mehrjährige Pflanze, die von April bis Juli violett blüht, kommt vor allem auf Äckern, an lichten Waldrändern und in Gartenunkrautgesellschaften vor.
Das Gartensilberblatt kann mit der Nachtviole verwechselt werden, die aber auch zu den essbaren Wildpflanzen zählt.

Küche

Die ganze Pflanze ist essbar. Die jungen Blätter kann man für Salate und die Blüten als Garnitur für Wildkräuterspeisen verwenden.

Giersch, Gewöhnlicher

Aegopodium podagraria

Synonyme

Geißfuß, Gichtkraut, Zipperleinskraut, Baumtropfen, Bodenholunder, Zaungiersch, Schattenblatt, kleine Angelika, Strenzel, Schwierkraut (Österreich)

Botanik

Der mehrjährige Giersch ist ein Doldenblütler. Die ausdauernde, in ganz Europa verbreitete Pflanze wird 30 cm bis 1 m hoch. Die Blätter sind dreieckig oder dreigeteilt und am Rand deutlich gesägt. Von Mai bis September erscheinen an den oberen hohlen, kahlen Stängeln weiße Blütendolden mit 12 bis 18 Strahlen. Ebenfalls zur Familie der Doldenblütler gehört der sehr giftige Gefleckte Schierling, der aber im Gegensatz zum Giersch deutlich gefiedertere und viel feinere Blätter hat. Am besten lässt man sich den Giersch von einem geübten Sammler zeigen. Man erkennt den Giersch auch an seinem aromatischen, petersilienähnlichen kräftigen Geruch. Ich nenne ihn auch Waldpetersilie! Sein Name leite sich ab von Gersele, was soviel wie große Petersilie bedeute, schreibt Guido Steffen Fleischhauer. Da er im Frühling erst kurz nach dem Bärlauch austreibt und dann sehr klein und zart ist, später aber rasch wächst und dann wieder ganz anders aussieht, sollte man ihn sich in den verschiedenen Stadien von einem Kenner zeigen lassen, um beim Sammeln eine Verwechslung auszuschließen.
Bei den meisten Gartenbesitzern ist diese hartnäckige, besonders vitale Pflanze ein höchst ungeliebtes, kaum ausrottbares «Unkraut», wie viele andere Wildkräuter auch. Mit seinen kriechenden, mit langen Ausläufern versehenen Wurzeln kann er sich extrem gut vermehren. Eine Gierschpflanze kann pro Jahr bis zu drei Quadratmeter Boden erobern. Kaum ist der Schnee geschmolzen, treibt der Giersch aus. Rasch wird so der nackte Boden mit einem zarten grünen Teppich bedeckt und zeigt den herannahenden Frühling deutlich an. Die Pflanze liebt stickstoffhaltigen, lehmigen bis leicht feuchten Boden. Man findet den anspruchslosen Giersch grundsätzlich überall. Selbst Bio-Gärtner mögen das Kraut nicht. Ich sehe ihn auch lieber im Wald als in meinem Garten. Ohne Chemie ist er fast nicht auszurotten. Wie der bekannte Ethologe Wolf Dieter Storl empfehle ich daher, statt den Giersch im Garten zu bekämpfen, mit ihm Freundschaft zu schließen und ihn einfach zu ernten und zu essen. Denn er ist eines der schmackhaftesten und gesündesten Wildkräuter.

Küche

Die Blätter können von Frühling bis Herbst in der Wildkräuterküche verwendet werden. Die hellgrünen, zarten Blätter sind im Frühling eine feine Zutat für Salate. Je kräftiger die Blätter, desto länger muss man sie für Spinatzubereitungen blanchieren. Am besten verwendet man den Giersch nur vom ersten Austreiben bis etwa Ende Mai.

Giersch

Gesundheit

Die Namen Gichtkraut respektive Zipperleinskraut lassen darauf schließen, dass der Giersch früher einmal eine begehrte Heilpflanze war. Die Mönche haben vermutlich den Giersch in ihren Kräutergärten kultiviert. Er diente unter anderem zur Entgiftung des Körpers. Die Pflanze hat eine stark harntreibende und vor allem Harnsäure ausscheidende Wirkung. Darüber hinaus schenkt uns die vor Lebenskraft nur so strotzende Pflanze auch Kraft. Diese Kraft nutzten schon die Römer. Sie kannten den Giersch als Gemüse. Er war ein wichtiger Bestandteil der Gründonnerstagssuppe. Auch Hildegard von Bingen lobte den Giersch für seine ungebrochene Lebenskraft. Der bekannte Kräuterpfarrer Künzle nannte den Giersch gar eine herrliche Medizin. Würden die guten Eigenschaften des Giersch wieder entdeckt, könnten sicher viele erschöpfte und übersäuerte Zeitgenossen von dieser Powerpflanze profitieren. Wer weiß, vielleicht ist der vitale Bursche deshalb nicht aus unseren Gärten zu vertreiben?! Das sagen die alten Kräuterkenner: Das Heilkraut, das du brauchst, wächst meist vor der Haustüre. So habe ich mit dem Giersch schon lange Frieden geschlossen.

Inhaltsstoffe

Reichlich Vitamin C, viel Betakarotin. Extrem viel Eisen (16,6 mg je 100 g); so viel Eisen enthält nur noch die Leber. Zu erwähnen sind ferner Mangan, Bor, Titan und Kupfer.

Gundelrebe, Gundermann

Glechoma hederacea

Synonyme

Die Gundelrebe heißt je nach Region auch Bundräbli, Eichefeu, Soldatenpetersilie, Erdkränzlein, Stinkender Absatz, Gunelreif, Kitzkräutl, Heilrauf, Zickleinskraut, Efeu-Gundermann, Erdefeu, Zaungucker, Kollernmann oder Blauhuder. «Hederacea» bedeutet so viel wie efeuartig, womit bei der Gundelrebe die Blattform gemeint ist.

Botanik

Die mehrjährige Pflanze gehört zur Familie der Lippenblütler. Sie wird 15 bis 20 cm hoch und blüht von März bis Juni blau bis rotviolett.

Die Gundelrebe gedeiht auf nährstoffreichen, eher feuchten Wiesen, auf Weiden, in Hecken oder an Waldrändern an eher schattigen Standorten und bevorzugt Lehmböden bis auf 1400 bis 1600 m. Die Gundelrebe ähnelt dem Persischen Ehrenpreis. Dieser ist auch essbar, obwohl er in älteren Wildkräuterbüchern als ungenießbar eingestuft wird. Insofern gibt es keine Verwechslungsgefahr mit einer nicht essbaren oder sogar giftigen Pflanze.

Küche

Die Blätter können von März bis Juni zum Verstärken des Aromas Salaten, Quarkspeisen, Omelettteig oder Suppen beigemischt werden. Die intensiv schmeckende Gundelrebe sollte als Würzzutat in kleinen Mengen verwendet werden. Da die ätherischen Öle fettlöslich sind, kann man mit fein gehackter Gundelrebe besonders gut Kräuterbutter aromatisieren. Der Geschmack

Gundelrebe

ist aromatisch-herb bis scharfwürzig. Die zarten Blüten schmecken süßlich, sie können als Dekoration verwendet und natürlich auch gegessen werden.

Gesundheit

Die altbekannte Heilpflanze wurde in der Volksheilkunde immer schon zur Behandlung von Eiterungen, bei Bronchial- und Harnwegerkrankungen und zur Anregung des Stoffwechsels verwendet. Die Gundelrebe enthält unter anderem Saponine, welche die Schweißdrüsen stimulieren und so die Entgiftung über die Haut anregen.

Inhaltsstoffe

Die Gundelrebe enthält Vitamin C, Kalium, Cholin, Saponine, Gerbstoffe, Bitterstoffe und verschiedene ätherische Öle. Die Bitterstoffe sind ein gutes Lebermittel. In der Traditionellen Chinesischen Medizin wird die Pflanze zur Behandlung bei Störungen des Dickdarms, der Blase und der Lunge eingesetzt.

Geschichte/Tradition

Die Gundelrebe war und ist auch heute noch Hauptbestandteil der kräftigen Gründonnerstagssuppe, besser bekannt unter Grüner Neune. Mit dem Verzehr dieser Suppe wollte man eins werden mit der Natur. Die Suppe wird aus den ersten Triebspitzen von Wildkräutern, unter anderem von Gundelrebe, Brennnessel, Löwenzahn, Gänseblümchen und Vogelmiere zubereitet. Früher war es unter den Berufsmalern Brauch, regelmäßig Gundermanntee zu trinken. Er half, das durch die Farbe eingeatmete Blei auszuscheiden. Gemäß Überlieferung gaben die Bauern im Frühjahr den Kühen die mit Salz und Hafer vermischte Gundelrebe, um sie vor Krankheiten und Infektionen zu schützen. Ferner war die Gundelrebe zusammen mit anderen Kräutern, wie z. B. dem Mädesüß, dem wilden Oregano, dem Dost und dem Beifuß wichtiges Würzkraut für das Bier. Man nannte sie Donnerebe.

Spezielles

Die Gundelrebe wächst gerne an verunreinigten Orten. Deshalb den Platz vor dem Sammeln auf Verunreinigungen kontrollieren. Die Gundelrebe entgiftet nicht nur den Körper, sie reinigt auch den Boden.

Hirtentäschel, Gewöhnliches Hirtentäschel

Capsella bursa-pastoris

Synonyme

Gemeines Hirtentäschelkraut, Bauernsenf, Herzbeutel, Herzkraut, Taschenkraut, Kochlöffel, Schinkenkraut, Medikus, Schüfelichrut, Täschelkraut, Himmelsbutterbrot, Bureschinke, Taschendieb, Löffeldieb

Botanik

Die einjährige zarte Pflanze mit ihren verdreht herzförmigen Samenschoten ist in Europa sehr bekannt. Die bis 50 cm hohe Pflanze kommt häufig als Gartenbegleitpflanze vor. Die weißen Blüten öffnen sich je nach Region bereits im Januar. Die Pflanze blüht bis Dezember. Das Hirtentäschel findet man vor allem auf nährstoffreichem Boden, insbesondere auf Lehmböden bis auf 2200 m. Es wächst in Gärten, auf Schuttplätzen, in Weinbergen, an Wegrändern und im Rasen. Die Form des Samens – er innert an eine Hirtentasche – hat der Pflanze vermutlich auch den Namen gegeben. Die Blätter sind mehr oder weniger gefiedert, teilweise erinnern sie an Löwenzahn.

Küche

Aufgrund des leicht bitteren, herben Geschmacks verwendet man die Blätter eher sparsam, meist in Salatmischungen. Das Sammeln größerer Mengen ist bei so kleinen Blättern sowieso eher mühsam. Fein schmecken die Blätter in Kombination mit anderen Wildkräutern als Auflage auf einem knusprigen Butterbrot.

Inhaltsstoffe

Aminosäuren, Saponine, Flavonoide, Senfölglykoside und Kaffeesäurederivate, organische Säuren. Außerdem enthält die Pflanze reichlich Kalzium und Kalium. 100 g Blätter enthalten 177 mg Vitamin C.

Hirtentäschel

Gesundheit

In der Volksheilkunde wird das Kraut insbesondere in Form von Tee bei Verdauungsstörungen empfohlen. Bekannt ist auch die blutstillende Wirkung. In der Homöopathie wird die Pflanze gegen Blutungen und bei Nieren- und Gallenerkrankungen verwendet.

Holunderblüten

Sambucus nigra

Botanik

Der Holunderstrauch wird bis 7 m hoch. Wenn der Boden genügend Stickstoff enthält, gedeiht er überall. Er liebt die Nähe von Siedlungen oder ehemaligen Siedlungen, d. h. die Nähe des Menschen.

Holunderblüten

Küche

Die Blätter werden in der Wildkräuterküche nicht verwendet. Dafür sind die Blüten und später die Früchte begehrt. Die Blüten schmecken wunderbar im Ausbackteig.

Inhaltsstoffe

Die Blüten enthalten ätherisches Öl. Sie sind reich an freien Fettsäuren, Flavonoiden, Gerbstoffen, Schleimstoffen und Kalium.

Gesundheit

Holunderblütentee wirkt schweißtreibend und wird bei Erkältungskrankheiten eingesetzt. Der Tee eignet sich auch als Gurgelwasser.

Hopfen, Wilder; Hopfensprossen, Gewöhnlicher Hopfen

Humulus lupulus

Botanik

Die mehrjährige Pflanze mit ihren bis 6 m langen Ranken gehört zur Familie der Hanfgewächse. Sie blüht von Juli bis August grün, d. h. die Blüten sind die essbaren Sprossen.

Die Pflanze kommt in Auenwäldern, in abgeholzten Waldabschnitten, im feuchten Gebüsch, an Zäunen, in Hecken, an Flussufern und Waldrändern vor, wo sie sich

rasch verbreitet und alles überwuchert. Sie bevorzugt Lehm- und Tonböden, wo sie bis auf 800 m gedeiht.

Küche

Die zarten Triebe des Wilden Hopfens sind etwas vom feinsten, was man in der Natur findet. Sie werden im April und Mai etwa 10 cm lang abgezupft, je kürzer, desto zarter. Die Sprossen werden am besten in Salzwasser oder im Dampf kurz blanchiert und dann mit Olivenöl und Balsamico beträufelt serviert. Sie können aber auch die letzten 1 bis 2 Minuten mit der Pasta mitgekocht werden. Ebenfalls ein Hochgenuss sind sie in einer Quiche mit Ricotta. Rohe Hopfensprossen sind eher bitter, blanchierte haben einen zarten, spinatähnlichen Geschmack.

Inhaltsstoffe

Bitterstoffe, ätherische Öle, Polysaccharide, Gerbstoffe, Flavonoide, Phytoöstrogene.

Gesundheit

Die Heilwirkungen des Hopfens sind schon lange bekannt. Die Blüten, und das dürfte zum Teil auch für die Triebe gelten, beruhigen, wirken antibakteriell und steigern die Magensaftproduktion. Die keimtötende Eigenschaft des Hopfens hat man bei der Bierherstellung schon immer genutzt. Man attestiert ihm heute sogar eine krebshemmende Wirkung. Die Phytoöstrogene lindern Wechseljahrbeschwerden. Die Bitterstoffe sind ein hervorragendes Leber- und Gallentonikum. Früher hat man den Hopfentee auch als magenstärkendes und appetitanregendes Mittel verabreicht.

Hornklee, Gewöhnlicher

Lotus corniculatus

Botanik

Die mehrjährige Kleeart gehört zur Familie der Schmetterlingsblütler. Die von Mai bis August gelb blühende Pflanze kann 30 cm hoch werden. Sie liebt nährstoffreichen, lehmhaltigen Boden, etwa Wiesen und Weiden, und gedeiht bis auf 2300 m. Der Hornklee ist ein Bodenverbesserer.

Küche
Die Blüten sind eine hübsche Dekoration. Die Blätter sind essbar, haben aber einen eher herben Geschmack. Sie passen in kleinen Mengen in Salate oder werden gedämpft als Gemüse zubereitet. Blüten und Blätter sind geschmacklich nicht wirklich interessant, weshalb sie in den Rezepten nicht vorkommen. Weil man aber der Pflanze beim Sammeln häufig begegnet und die Blüten sehr dekorativ sind, wird sie hier vorgestellt.

Inhaltsstoffe
Tanine und Flavonoide. Das Lysin, eine Aminosäure, macht den Hornklee zu einer begehrten, hochwertigen Futterpflanze.

Gesundheit
Die Blüten werden als Tee bei Nervosität und bei Krämpfen empfohlen. Gurgelwasser aus Hornklee wird bei Zahnfleischentzündungen empfohlen.

Kerbel, Wiesen-
Anthriscus sylvestris

Botanik
Der mehrjährige Kerbel ist ein Doldenblütler. Die Pflanze wird 1,3 m hoch und gedeiht in ganz Mitteleuropa. Der Kerbel liebt nährstoffreiche Wiesen und Bergwiesen bis auf 2300 m. Im Flachland sieht man ihn häufig entlang von Hecken und an Wiesenrändern. Er blüht weiß und je nach Standort von April bis August. Der Wiesenkerbel kann bei wenig Erfahrung mit dem giftigen Schierling verwechselt werden. Wer also nicht ganz sicher ist, sollte lieber die Finger davon lassen. Ein gutes Erkennungsmerkmal ist der karottenähnliche Geruch. Der Stängel des Kerbels ist im Gegensatz zum giftigen Schierling kräftig und gleichmäßig gerillt und hat keine Tupfen. Der Schierling hat deutliche rote Tupfen und riecht unangenehm. Nebst dem Schierling kann man den Kerbel auch mit der Hundspetersilie verwechseln. Am besten lässt man sich diese schmackhafte Wildpflanze an einem Kräuterkurs von einem geübten Sammler zeigen.

Kerbel

Küche
Wenn man die zarten Kerbelblätter verreibt, wird ein Geruch von Anis, Kümmel und Karotte freigesetzt. Die fein gehackten Blätter sind eine gute Würze für Quark, Frischkäse, Rösti und Suppen. Einige Blätter geben auch Mischsalaten einen guten Geschmack. Den Kerbel sollte man entweder roh essen oder erst gegen Ende der Garzeit den Speisen zufügen. Ebenfalls essbar sind die von den groben Fasern befreiten Stängel, die man am besten fein geschnitten unter Salate mischt. Wie bei vielen essbaren Wildkräutern eignen sich die Blüten als essbare Dekoration. Ebenfalls essbar sind die Wurzel und der Samen des Kerbels.

Inhaltsstoffe
Bitterstoffe, ätherische Öle, Flavonglykosid, Cumarine.

Gesundheit
In der Heilkunde wird der Kerbel als harn- und schweißtreibendes Kraut eingesetzt. Er fördert die Verdauung, die Bitterstoffe regen die Magen-, Gallen- und Leberfunktion an.

Knoblauchrauke
Alliaria petiolata

Botanik
Die Knoblauchrauke, die je nach Region und Land auch Lauchkraut heißt, gehört zur Familie der Kreuzblütler (Brassiceae). Vertreter der gleichen Familie sind unsere bekannten Kohlgemüse und die Rucola. Die zweijährige, bis 1 m hohe Pflanze ist fast in ganz Europa stark verbreitet. Sie gedeiht auf nährstoffreichem, lockerem, humusreichem Lehmboden, auf beschatteten Wildkrautfluren, bevorzugt an Waldrändern, an Waldwegen, in Hecken und auf Kahlschlägen bis auf 1100 m. Von April bis Juni erscheinen die weißen Blüten, welche sich gut als Garnitur eignen. Die

Knoblauchrauke

Blätter sehen jenen der Brennnessel ähnlich, sind aber heller und am Rand unregelmäßig gezahnt. Spätestens zur Blütezeit kann man die Knoblauchrauke von der Brennnessel unterscheiden. Ein einfach zu merkender Unterschied ist der knoblauchähnliche Geruch, den die Blätter beim Verreiben verströmen.

Küche

Der Geschmack der Blätter ist eine Mischung aus mildem Knoblauch und Kresse. Entsprechend vielseitig können die möglichst jungen Blätter vom frühen Frühling bis Juni verwendet werden. Man kann die Blätter aber auch nach der Blüte und während der ganzen Vegetationszeit ernten und verwenden. Die Blätter schmecken aber vor der Blüte am besten.
Die Blätter passen gut in Mischsalate, sind aber auch in Kombination mit anderen Wildkräutern als Spinatersatz zu verwenden. Sie eignen sich für einen Pesto oder fein gehackt in Quark und in Kräuterbuttermischungen. Ebenfalls sehr dekorativ und schmackhaft sind die Blüten zum Beispiel auf geröstetem Butterbrot oder zu Bündner Fleisch oder Schinken.
Die geschmacklich dem Meerrettich ähnlichen Wurzeln können ebenfalls gegessen werden. Die Samen sind wie Senfkörner zu verwenden.
Die Knoblauchrauke ist eine überaus ergiebige Wildkräuterpflanze, die man in größeren Mengen sammeln kann, ohne den Bestand zu gefährden.
Im Bauerngarten wurde früher die Knoblauchrauke als Salatpflanze gezogen.

Inhaltsstoffe

Die Knoblauchrauke enthält reichlich Vitamin A respektive Betakarotin und Vitamin C, verschiedene Mineralstoffe, Knoblauchöl, Saponine und Glykoside, die eine blutdruckregulierende Wirkung haben.

Gesundheit

Die Knoblauchrauke wurde früher bei Asthma und bei Wurmbefall eingesetzt. Sie wirkt keimtötend, antiseptisch, antibakteriell und wundheilend, ferner ist sie verdauungsfördernd und blutreinigend.

Kohllauch, Wilder Lauch

Allium oleraceum

Botanik

Der mehrjährige Kohllauch gehört zur Familie der Liliengewächse. Die Pflanze wird bis 70 cm hoch und blüht von Ende Mai bis August lila bis purpurrot. Sie bevorzugt warme Standorte in Weinbergen, an sonnigen Waldrändern und in Böschungen bis auf 1000 m. Sie sieht der Zwiebel respektive dem Lauch sehr ähnlich, nur ist sie viel feiner, und kann nicht verwechselt werden.

Küche

Die zarten, aber scharfen kleinen Zwiebeln kann man entweder roh essen oder im Ofen backen und dann mit Balsamico beträufeln. Die fein geschnittenen Blätter sind auf knusprigem Butterbrot eine Delikatesse. Der Kohllauch ist ein hervorragender Ersatz für Kulturzwiebeln und Lauch. Die Zwiebeln werden im Frühling und Herbst ausgegraben. Die Blütenstände können in einem Ausbackteig gebacken werden.

Inhaltsstoffe

Schweflige Verbindungen und diverse Mineralstoffe und sekundäre Pflanzensubstanzen.

Gesundheit

Wie alle Zwiebelgewächse besitzt der Kohllauch antivirale und anitbakterielle Eigenschaften und stärkt so das Immunsystem. Zudem senkt er die Blutzucker- und Cholesterinwerte. Die gleiche Wirkung haben auch die verwandten Kulturen. Unsere Vorfahren haben den Kohllauch bei Wurmbefall gegessen.

Zwiebeln von Kohllauch

Kohllauch

Labkraut, Wiesenlabkraut

Galium mollugo

Botanik

Das mehrjährige, bis 80 cm hohe, von Mai bis September zart weiß blühende Labkraut gehört zu den Rötegewächsen. Es wächst auf nährstoffreichen Lehm- und Tonböden bis auf 1700 m. Zur gleichen Familie gehört auch das Klettenlabkraut (Galium arparine agg.).

Küche

Das Labkraut zählt zu den Wildpflanzen, die das ganze Jahr gesammelt werden können. Selbst unter dem Schnee findet man kleine Labkrautblätter. Die Blätter mit den Stängeln können im Frühling wie Spinat zubereitet und entsprechend für viele Gerichte verwendet werden. Aber auch für Salate eignen sich die zarten, jungen, quirlständigen Blätter, die geschmacklich eine Mischung aus Kopfsalat und Rucola sind. Die Blüten sind ebenfalls essbar. Sie duften zart nach Honig und verleihen einer Limonade ein subtiles Aroma (wie Holunderblüten verwenden).

Inhaltsstoffe

Glykoside, Alkaloide, Gerbstoffe, ätherische Öle.

Gesundheit

In der Volksheilkunde wird das Labkraut zur Entschlackung und Anregung der Nierentätigkeit und des Lymphflusses verwendet. Allgemein soll es die Lebensgeister wecken. Früher hat man es sogar bei Krebs empfohlen. Auch in der Homöopathie und in der Traditionellen Chinesischen Medizin kennt man das Labkraut.

Labkraut

Leimkraut, Taubenkropf-

Silene vulgaris

Botanik

Die einjährige, bis 1,5 m hohe Pflanze gehört zu den Nelkengewächsen. Sie blüht von April bis September weiß. Das Leimkraut bevorzugt trockene, sonnige Standorte mit einem nährstoffreichen Lehm- oder Tonboden.

Küche

Das Leimkraut ist eines der geschmacklich interessantesten Wildkräuter. Die jungen Blätter mit erbsenähnlichem, leicht herbem Geschmack sind eine echte Delikatesse und vielseitig verwendbar. Im frühen Frühling werden die jungen Triebspitzen unter Risotto und Pasta gemischt. Die wie Spinat gedämpften Triebspitzen können für beliebige Wildkräutergerichte verwendet werden. Gedämpftes Kraut ist milder als rohes. Selbstverständlich schmecken die jungen Triebe auch in einem Salat hervorragend. Oder man hackt das Kraut fein und streut es auf ein Butterbrot oder mischt es unter Quark.

Das Leimkraut wurde von den Bewohnern in der Südschweiz schon immer als essbares Wildkraut gesammelt. Ich beobachte im Frühling häufig Leute, die durch die Wiese streifen und jungen Löwenzahn, Leimkrauttriebe und Brennnesseln sammeln. Das Leimkraut ist so stark verbreitet, dass man es ohne den Bestand zu gefährden sammeln darf. Es wächst auf gemähten Wiesen immer wieder nach und kann bis in den Herbst gepflückt werden.

Inhaltsstoffe

Schleimstoffe, Saponine, Vitamin C, Zuckerarten.

Gesundheit

Es gibt keine Angaben über die Heilwirkung. Die Pflanze ist vermutlich leicht stoffwechselanregend.

Leimkraut

Löwenzahn, Wiesenlöwenzahn

Taraxacum officinale

Botanik

Der mehrjährige Löwenzahn gehört zur Familie der Korbblütler. Er wird bis 40 cm hoch und blüht in den Monaten April bis Juni und vereinzelt auch im Herbst gelb. Die Blüten öffnen sich nur bei Sonnenschein. Die weltweit verbreitete Pflanze gedeiht auf Wiesen, Äckern und Weiden im gemäßigten Klima. Für den Löwenzahn gibt es unzählige deutsche Bezeichnungen, unter anderem wird er Kuhblume und Bienenblume genannt.

Küche

Der Löwenzahn ist eines der bekanntesten Wildkräuter, welches vom frühen Frühling bis Mai roh als Salat verwendet wird. Grundsätzlich kann man den Löwenzahn während der ganzen Vegetationszeit pflücken, wenn man dem zunehmend bitteren Geschmack nicht abgeneigt ist. Die Blätter können auch gedämpft werden. Man kann auch die Blütenstängel essen, die reichlich Bitterstoffe enthalten und deshalb sehr gesund sind. Milder werden Stängel und Blätter, wenn man sie vor dem Verzehr mit Salz bestreut und etwas ziehen lässt. Die Blüten sind eine essbare Garnitur. Sie können auch kurz im Olivenöl gedünstet werden. Zudem eignen sie sich für die Herstellung von Sirup, Löwenzahnhonig und in Essig eingelegt als Kapern. Im Winter bieten sich die Wurzeln als Gemüse an. Die Blätter können ungeachtet ihrer Form in der Küche verwendet werden – der Blattrand kann schwach oder stark gezahnt sein, manchmal ist er auch glatt. Es gibt viele Unterarten, die alle essbar sind.

Inhaltsstoffe

Bitterstoffe, Flavonoide, Cumarine, Phytosterole, Schleimstoffe, viel Kalium, reichlich Eiweiß, 8-mal mehr Vitamin C als Kopfsalat, reichlich Magnesium und Phosphor.

Gesundheit

Der Löwenzahn ist ein besonderes Geschenk der Mutter Natur. Mit ihm können wir die Frühjahrsmüdigkeit besiegen und die Leber und die Galle reinigen. Der wintermüde Körper lechzt buchstäblich nach dieser Pflanze. Die Blätter liefern 8-mal so viel Vitamin C und

Löwenzahn

40-mal soviel Vitamin A und 3-mal so viel Eisen wie der künstlich gedüngte, unter der Folie gezüchtete Salat, und das erst noch kostenlos!

Im Garten sollte man den vitalen Burschen besser ernten als jäten. Zwischen den Erdbeeren unterstützt er deren Reifung! Storl nennt ihn den Gartenhelfer, eine Salat- und Heilpflanze. Es lohnt sich, über seine vielen guten Eigenschaften nachzudenken. Die Wurzeln sollen die Bewohner der Insel Menorca nach einer Heuschreckenplage vor dem Verhungern gerettet haben. Der große Vater der Makrobiotik, George Oshawa, hat beim Anblick einer blühenden Löwenzahnwiese voller Entzücken gesagt: Wo eine solch herrliche Pflanze gedeiht, muss man keinen Ginseng einführen! Für die Makrobioten ist der Löwenzahn ein wichtiges Lebensmittel.

Auch die Indianer verehren den durch Flugzeuge eingeführten «blinden Passagier», der auch bei ihnen üppig wächst! Sie genießen die Blätter und die Wurzeln als Nahrungs- und Heilmittel. Dieser Umstand sollte uns vielleicht etwas großzügiger werden lassen beim Aufkommen anderer, derzeit noch bekämpfter Wildpflanzen. Man bedenke in diesem Zusammenhang, dass die Ambrosia bei den Indianern eine wichtige Heilpflanze ist. Und wer weiß, warum sie sich bei uns ausbreitet?! Die Globalisierung ist da, nur bei Pflanzen und Tieren wehren wir uns dagegen!

Aus den Blättern und Wurzeln des Löwenzahns kann ein Tee zubereitet werden, der entwässernd wirkt und bei Rheuma die Schmerzen lindert. Der Tee soll auch bei Gallen-, Nieren- und Blasensteinen helfen. Homöopathen schätzen ihn als Lebermittel und bei Magenleiden. Die Blätter enthalten Phytosterole, die für ihre cholesterinregulierende Wirkung bekannt sind. Das in den Wurzeln reichlich enthaltene Inulin begünstigt die Resorption der Mineralstoffe.

Tipp

Beim Wildkräutersammeln esse ich regelmäßig 3 bis 4 Löwenzahnstängel, um mich ausreichend mit Bitterstoffen zu versorgen und meiner Leber Gutes zu tun.

Wissenswertes

Früher hat man die beliebte vitamin- und mineralstoffreiche Salatpflanze so lange gesammelt, bis der erste grüne Salat im eigenen Garten geerntet werden konnte. Im Zeitalter der Supermärkte geriet der Löwenzahn leider etwas in Vergessenheit. Aber immer häufiger wird er als Delikatesse gehandelt. Sogar die Spitzenköche haben ihn wieder entdeckt. In Frankreich und Italien gibt es eine Art Verwandten, die Catalogna cimata und die Catalogna. Im Winter findet man in gut assortierten Gemüsegeschäften gebleichten Löwenzahn.

Malve, Wilde; Käsepappel

Malva sylvestris

Von der mehrjährigen Pflanze gibt es verschiedene Arten, so die große und die kleine Malve, die alle essbar sind. Die Malve wird über 1 m hoch und blüht von Mai bis September purpurrot-violett. Die Malve bevorzugt nährstoffreiche, trockene, sonnige Standorte im Weinberg, auf brachem Ackerland und an Wegen sowie an Mauern bis auf eine Höhe von 800 m.

Küche

Die jungen, milden, zarten Blätter werden je nach Größe fein geschnitten und unter Salate gemischt. Beim Kochen werden die in den Blättern enthaltenen Schleimstoffe zum natürlichen Bindemittel. Die Malve ist in der Wildkräuterküche vor allem ihrer wunderschönen Blüten wegen begehrt. Die Samen der Malve streut man frisch über Salate oder legt sie in Essig ein.

Margerite

Inhaltsstoffe

Vor allem Schleimstoffe, Kalium, Flavonoide, Kaffeesäure, Chlorogensäure.

Gesundheit

Die Malve hat in der Natur- und Volksheilkunde einen festen Platz. Als Tee ist sie reizmildernd bei Husten, Rachenentzündungen, Erkältungskrankheiten und Entzündungen im Verdauungstrakt. Auch bei Rheuma, Durchfall und Gebärmutterleiden hat sie eine lindernde Wirkung. Die ganze Pflanze lässt man in heißer Milch ziehen und trinkt sie bei Bronchitis.

Margerite, Wiesenmargerite

Leucanthemum vulgare agg.

Botanik

Die mehrjährige Margerite gehört zur Familie der Korbblütler. Sie wird bis 70 cm hoch und blüht von Mai bis Oktober. Die Margerite liebt einen warmen Standort, am liebsten eine basenreiche Magerwiese mit Ton- oder Lehmboden.

Küche

Die Blätter haben einen dominanten Geschmack, weshalb man sie nur ganz jung und in kleiner Menge zum Mischsalat gibt.
Die essbaren Blüten verwendet man als Garnitur. Man kann die Blütenblätter auch abzupfen und über Salate streuen. Die Blütenknospen können wie Essigurken in Essig eingelegt werden.

Inhaltsstoffe

Ätherische Öle, Tannine, Harz.

Gesundheit

In der Volksmedizin kennt man die Margerite kaum. Ein Tee aus Knospen wird gegen Krämpfe, bei Menstruationsbeschwerden und Darmkoliken empfohlen.

Melde, Spießmelde, Weißer Gänsefuß

Chenopodium album agg.

Botanik

Die einjährige, bis 1,5 m hohe Melde gehört zur Familie der Gänsefußgewächse. Sie liebt nährstoffreiche, trockene Standorte wie Äcker, Gärten, Schutthalden, Wegränder oder Bauplätze. Auf so jungfräulichem Boden finden wir die Melde meist als Erstbesiedler; sie gräbt ihre Wurzeln bis 1 m in die Tiefe. Die Melde kommt in verschiedenen Formen vor. Die Blätter sind immer spießförmig, jedoch einmal schmäler, einmal breiter. Die Blätter sind häufig gezahnt, sie können aber auch glattrandig sein. Junge Meldepflanzen sehen häufig wie mit Mehl bestäubt aus, deshalb auch der Name «Weißer Gänsefuß». Beim Anfassen spürt man den Belag, was das Erkennen erleichtert. Wenn man die Pflanze aus Botanikbüchern nur im frühen Stadium kennt, hat man in der freien Natur möglicherweise Probleme, sie zu identifizieren.

Eine Verwechslungsgefahr mit einer giftigen Pflanze besteht nicht. Die verschiedenen Meldearten kommen in ganz Europa vor.

Geschichte

Früher wurde die Gartenmelde auch im Hausgarten gezogen. Sie war die Vorläuferin des Spinats. Bei der Pro Specia Rara gibt es auch eine rote Gartenmelde, die mit der grünen wunderbar kombiniert werden kann. Vereinzelt habe ich die rote Melde auch schon verwildert auf Kompostplätzen gefunden.

Küche

Junge Triebe passen bestens in einen Salat. Man kann die Melde auch wie Spinat dämpfen. Für mich ist sie eine der besten und vielseitigsten Wildpflanzen, die man in großen Mengen ernten darf, ohne dass der Bestand gefährdet wird. Bei älteren Pflanzen verwendet man die Blätter am besten ohne die groben Stiele und lässt sie schonend im Dampf zusammenfallen. Der

Meldespinat kann für beliebige Wildkräutergerichte, z. B. für Spätzli (die Melde gibt ihnen eine intensiv grüne Farbe), zum Füllen von Tomaten und Omeletts usw. verwendet werden. Der Geschmack der Melde ist etwas kräftiger als der von Spinat, aber immer noch sehr zart, viel zarter und feiner als derjenige der Brennnessel. Ich ziehe die Melde jedem Spinat vor. Die Melde kann man während der ganzen Vegetationszeit als Wildkraut verwenden. Die Blütenknospen schmecken wie Nüsse, sie können über Salate oder unter Frischkäse gemischt oder auf Butterbrot gestreut genossen werden. Ältere Blätter sind im Geschmack etwas kräftiger.

Inhaltsstoffe

Saponine, Stigmasterol, Campesterol, Phenylanalin, Betain, Oxalsäure, Sitosterol, verschiedene Aminosäuren, reichlich Kalium, Zink, Eisen, Phosphor und Spurenelemente, 7-mal so viel Vitamin C, 18-mal soviel Vitamin C und 7-mal soviel Eisen wie im Kopfsalat.

Gesundheit

Die Melde ist als Heilpflanze wenig bis gar nicht bekannt. Aufgrund der Inhaltsstoffe kann ein Tee aus den Blättern, die man kurz mit heißem Wasser überbrüht, bei Wechseljahrbeschwerden lindern. Äußerlich hilft ein Absud bei Insektenstichen, Sonnenbrand und bei Gelenkentzündungen. Den größten Nutzen hat man sicher, wenn man die Pflanze als gesunde und vitalstoffreiche Kost anstelle der überzüchteten und daher eher mineralstoffarmen Nutzpflanzen einsetzt.

Minze, Wasser-

Mentha aquatica

Botanik

Die mehrjährige Wasserminze wächst in ganz Europa in klaren, reinen, nicht zu stark fließenden Gewässern. Sie blüht von Juli bis September rosa oder lila.

Küche

Die jungen, fein geschnittenen Blätter werden als Ersatz für Basilikum über Tomaten gestreut oder für Pastagerichte verwendet. Eine Handvoll Blätter passen auch in jeden Mischsalat, was ihm eine spezielle Note gibt. Ebenfalls sehr aromatisch werden Quark, Frischkäse und Saucen. Aus der Wasserminze können auch Sirup und Tee zubereitet werden.

Inhaltsstoffe

Ätherische Öle, Gerbstoffe, Flavonoide.

Gesundheit

Die Wasserminze beruhigt den Magen und den Darm und stärkt die Psyche. Sie steigert die Produktion der Gallensäfte. Das ätherische Öl hat eine antibakterielle Wirkung.

Natternkopfblüte

Natternkopf

Natternkopf, Gewöhnlicher

Echium vulgare

Botanik

Die Pflanze gehört zur Familie der Borretschgewächse, was an den behaarten Blättern und Stängeln gut ersichtlich ist. Die bis 80 cm hohe Pflanze ist mehrjährig. Sie blüht von Juni bis September. Die essbaren Blüten sind blau bis rosa. Die Pflanze liebt einen trockenen, sonnigen Standort. Man findet sie oft an Wegrändern und entlang von Bahngeleisen bis auf eine Höhe von etwa 2000 m.

Küche

Die zarten, gurkenähnlich schmeckenden Blätter werden im Frühling mit anderen Wildkräutern für Salate verwendet. Oder man lässt die Blätter im Dampf zusammenfallen und verwendet sie wie Spinat. Besonders fein schmecken die Blätter im Ausbackteig (Wildkräuter im Ausbackteig, Seite 70). Zur Blütezeit sind die Blätter rau und hart und kein Genuss mehr. Dafür können die hübschen essbaren Blüten gepflückt werden.

Inhaltsstoffe

Pflanzenschleim, Allatonin, Anthocynane und andere sekundäre Substanzen.

Gesundheit

Der Tee aus den Blättern ist harn- und schweißtreibend und hilft auch gegen Husten. Die Wurzeln werden ähnlich wie diejenigen des Beinwells bei Verletzungen des Bewegungapparates verwendet.
Die Blätter sollten nicht im Übermaß verwendet werden. Man hat eine lebertoxische Substanz gefunden. Ob der Natternkopf aber wirklich schädlich ist, wird angezweifelt. Tatsache ist, dass man während Jahrhunderten größere Mengen ohne gesundheitliche Nachteile konsumiert hat.

Oregano, Wilder Majoran, Gewöhnlicher Dost

Origanum vulgare

Botanik

Der mehrjährige Dost gehört zur Familie der Lippenblütler. Er wird bis 50 cm hoch und gedeiht bevorzugt in einem lehmhaltigen Boden in sonnigen Hecken und an Waldrändern bis auf 1800 m.

Küche

Man verwendet die Blätter und die Blüten, die fast noch intensiver duften. Am besten setzt man den Oregano wie seinen Verwandten, den Gartenmajoran, als Gewürz ein. Man kann die ganzen Zweiglein auch in einer Suppe mitkochen.

Inhaltsstoffe

Ätherische Öle, Flavonoide, Gerbstoffe, Triterpene, Rosmarinsäure.

Gesundheit

Der Oregano eignet sich mit seiner verdauungsanregenden Wirkung gegen Blähungen und zur Stimulation des Gallenflusses. Aber auch gegen Husten und bei Unterleibsbeschwerden ist er hilfreich. Das ätherische Öl ist stark antimikrobiell und entsprechend wirksam bei Erkältungskrankheiten. In der Homöopathie wird die Pflanze zur Beruhigung der Nerven eingesetzt. Man sagt, der Oregano zügle auch die sexuelle Lust. Die Homöopathie setzt ihn bei sexueller Übererregung ein.

Portulak, Europäischer Portulak

Portulaca oleracea

Botanik

Die mehrjährige Pflanze gehört zur Familie der Portulakgewächse. Sie wird maximal 20 cm hoch und blüht von Juni bis September gelb. Der wärmeliebende Portulak gedeiht sehr gut auf sandigen, lehmigen, nährstoffreichen Böden wie in Rebbergen, auf Wegen und auf Kompostplätzen.

Geschichte

Der vermutlich in China beheimatete Portulak wurde früher in Europa häufig als Salatpflanze angepflanzt. Die als Unkraut oft wenig geliebte Gartenpflanze ist ein Abkömmling der Salatpflanze. Leider wird der gesunde Portulak bei uns kaum mehr kultiviert. Beliebter ist er in der mediterranen Küche.

Portulak

Küche

Den leicht säuerlichen, saftigen Portulak verwendet man am besten roh, allein oder in Mischsalaten. Er kann auch mit Blüte gepflückt werden. Gedämpft eignet er sich für viele Wildkräutergerichte.

Inhaltsstoffe

Viel Vitamin C, Magnesium, Eisen, Kalzium, Kalium, Oxalsäure, Schleim, Bitterstoffe, Omega-3-Fettsäure beziehungsweise die pflanzliche Vorstufe der Alpha-Linolensäure.

Gesundheit

In der Naturheilkunde wird der Portulak zur Blutreinigung empfohlen. Mit seinem Basenüberschuss ist er bei Sodbrennen hilfreich. Der Portulak regt den Stoffwechsel an. Er ist eine der wenigen Pflanzen, die reich an Alpha-Linolensäure sind. Die entzündungshemmende Säure wird bei vielen Krankheiten, so bei Rheuma, Multipler Sklerose und Herzerkrankungen therapeutisch eingesetzt. Offensichtlich nimmt der Portulak Einfluss auf verschiedene Mikroorganismen. Er hat zudem eine fiebersenkende Wirkung. Die gesunde Salatpflanze ist den meisten gezüchteten Salaten weit überlegen. Meine Empfehlung: Essen statt jäten, der Gesundheit zuliebe!

Primel

Primel, Wilde

Primulaceae

Die Wilde Primel zählt wie die Schlüsselblume zur Familie der Primeln.

Küche

Die jungen Blätter werden für Salate und die Blüten als Garnitur verwendet.

Rübenkohl

Brassica rapa

Botanik

Der einjährige Kreuzblütler liebt humosen, nährstoffreichen Lehmboden in einem gemäßigten Klima. Die Pflanze blüht von April bis September gelb. Als «Unkraut» findet man sie häufig in Getreideäckern und

Rübenkohl

Gemüsekulturen. Die Bienen schätzen ihren Nektar. Der Rübenkohl ist wie der Raps eine Ölpflanze, auch wenn sie nicht als Ölquelle genutzt wird.

Küche

Die Blätter haben einen eher milden, senfähnlichen, an Raps erinnernden kohlähnlichen Geschmack, die sich für alle Arten von Mischsalat und für Spinat eignen. Die gelben Blüten sind ebenfalls essbar. Die Wurzeln können gedünstet und gedämpft werden.

Inhaltsstoffe

Die Pflanze ist reich an Kalium, Kalzium, Magnesium und Eisen. Bei den Vitaminen ist das Vitamin B_6 zu erwähnen. Die mit dem Senf und der Kresse verwandte Pflanze ist reich an Senfölglykosiden.

Gesundheit

Die ganze Pflanze ist blutreinigend und regt den Stoffwechsel an, was bei Gicht günstig ist. Aber auch bei Magen- und Zwölffingerdarmgeschwüren und bei Verstopfung wird die Heilpflanze empfohlen. Die Senfölglykoside sind ein natürliches Antibiotikum und regen den Stoffwechsel an.

Salbei, Wiesen-

Salvia pratensis

Botanik

Der Wiesensalbei ist ein mehrjähriger Lippenblütler, der bis 60 cm hoch wird und von Mai bis August meist violett bis purpurrot und in seltenen Fällen weiß blüht. Er sieht dem Gartensalbei ähnlich, die Blätter sind aber etwas größer und weniger behaart. Die Pflanze bevorzugt Magerwiesen und Böschungen an sonniger Lage mit trockenem, eher kalkhaltigem bis lehmigem Boden bis auf 1500 m.

Küche

Der Wiesensalbei ist aromatisch und appetitanregend. Die Blätter können vielseitig und fast ganzjährig verwendet werden. Fein gehackt passen sie in Gewürzmischungen, einzelne fein geschnittene Blätter mischt man unter den Salat. Vorzüglich schmecken sie im Ausbackteig. Noch spezieller wird das Aperitifgebäck, wenn man jeweils ein Blatt mit Ziegenfrischkäse bestreicht, mit einem zweiten Blatt zudeckt und als «Sandwich» in den Ausbackteig taucht.

Gesundheit

Der Wiesensalbei enthält antibakterielle Wirkstoffe. Das Blatt ist östrogenhaltig und lindert in Teeform Menstruations- und Wechseljahrbeschwerden. Der Tee ist zudem schweißhemmend. Grundsätzlich sind die Wirkstoffe gleich wie die des Gartensalbei, nur etwas schwächer.

Sauerampfer, Großer Sauerampfer

Rumex acetosa

Botanik

Der mehrjährige Sauerampfer gehört zur Familie der Knöterichgewächse. Er wird je nach Sorte 60 bis 80 cm hoch und gedeiht in ganz Europa bis auf 1700 m auf Lehm- und Tonböden. Der Berg-Sauerampfer gedeiht bis auf 2000 m. Die eher unscheinbaren grünlich bis rötlichgrünen Blüten erscheinen je nach Höhenlage zwischen Mai und August.

Küche

Der Sauerampfer hat ein säuerliches, an Zitrone erinnerndes Aroma. Man kann ihn während der Vegetationszeit von März bis Ende Oktober, an geschützten Lagen bis Ende November ernten. Fein geschnittener Sauerampfer ist ideal für Salate. Er eignet sich auch zum Bestreuen eines Butterbrotes oder zum Aromatisieren von Frischkäse und Quark. Beim Kochen verfärbt sich der Ampfer wegen der Oxalsäure bräunlich. Man sollte ihn deshalb eher roh verwenden. Die Samen sind auch essbar. Im Winter können aus den Samen Sprossen gezogen werden oder man verwendet sie für einen Teeaufguss. Wegen der Oxalsäure (der Rhabarber hat den gleichen Wert) sollte man den Sauerampfer mit Maß essen. Bei einer regelmäßigen Einnahme über längere Zeit ist eine Nierenschädigung möglich. Weil Oxalsäure die Kalziumaufnahme hemmt, kombiniert man den Sauerampfer am besten mit kalziumreichen Nahrungsmitteln wie Quark und Frischkäse.

Inhaltsstoffe

Oxalsäure, Flavonoide, reichlich Vitamin C, Karotin, Eisen, Gerbstoffe, Hyperosid.

Gesundheit

Sauerampfer wirkt blutreinigend und harntreibend. Im Frühling bekämpft er die Frühjahrsmüdigkeit. Mit dem hohen Vitamin-C-Gehalt trägt die Pflanze zur Stärkung des Immunsystems bei. Der säuerliche Geschmack der Blätter regt die Verdauung an. In der Homöopathie wird der Sauerampfer bei juckenden Hautbeschwerden und Halsschmerzen eingesetzt. Es gibt viele Unterarten, die alle essbar sind.

Sauerklee, Wald-

Oxalis acetosella

Der mehrjährige Sauerklee gehört zur Familie der Sauerkleegewächse. Die Pflanze wird maximal 15 cm hoch und blüht von April bis Juni weiß bis purpurrot. Der Sauerklee liebt Mischwälder mit leicht saurem Lehmboden und gedeiht bis auf eine Höhe von 2000 m.

Küche

Die säuerlichen, leicht nach Zitrone schmeckenden Blätter kann man während der ganzen Vegetationszeit ernten und verwenden. Man mischt den Sauerklee mit anderen Wildkräutern unter Salate oder fügt ihn fein gehackt Quark, Frischkäse oder Jogurt bei und serviert diese zu gekochten Schalenkartoffeln. Die Blätter und die essbaren weißen Blüten sind eine hübsche Garnitur. Wenn man die Pflanze monatelang in größeren Mengen verzehrt könnte es wegen der Oxalsäure zur Bildung von Nierensteinen kommen. Der Oxalsäuregehalt ist etwa gleich hoch wie in Spinat und Mangold.

Inhaltsstoffe

Oxalsäure und Vitamin C.

Gesundheit

Der Sauerklee wurde früher als Vitamin-C-Quelle in der Prävention gegen Skorbut eingesetzt. In der Homöopathie wird der Sauerklee bei Leber- und Gallenleiden und bei einer allgemeinen Stoffwechselschwäche eingesetzt. Auch bei der Neigung zu Steinen wird nach dem Prinzip «Gleiches mit Gleichem» behandeln Sauerklee eingesetzt.

In Europa können alle Sauerkleearten gegessen werden. Eine Verwechslung mit einer giftigen Pflanze ist nicht zu befürchten.

Schafgarbe, Gemeine

Achillea millefolium

Botanik

Die Schafgarbe gehört zur Familie der Korbblütler. Im Volksmund nennt man sie auch Wiesenschafgarbe, Grillenkraut, Tausendblatt, Rippel, Achilleskraut, Grabenkraut, Frauendank, Feldgarbe, Bauchwehkraut, Teekraut, Schafszunge, Blutstillkraut, Gotteshand, Heil aller Schäden, Sichelkraut, Schafrippe, Leiterli, Fasankraut.

Die Schafgarbe erkennt man leicht an den zart gefiederten Blättern, die auch «Augenbraue der Venus» genannt werden. Beim Verreiben der Blätter wird ein angenehm würziger Geruch freigesetzt. Jedes Blatt besteht aus zahlreichen Teilblättchen, daher auch der Name Tausendblatt, beziehungsweise Millefolium. Die Schafgarbe wird zwischen 30 und 80 cm hoch. Von Mai bis Oktober erscheinen die doldenartigen weißen Blütenkörbchen. Die Blüten kennen vermutlich die meisten. Nur, wenn die Pflanze blüht, sind die Blätter zwar noch genießbar, besser schmecken aber die zarten jungen Triebe vor der Blüte.

Die Schafgarbe ist in ganz Europa stark verbreitet. Sie wächst auf Wiesen und Weiden, an Weg- und Ackerrändern, auf Schutthalden, an Böschungen sowie an lichten Waldrändern. Die Pflanze bevorzugt eher trockene, gut besonnte Standorte. Sie ist sehr robust

Sauerklee

und gedeiht bis auf 2500 m. Weder Hitze noch Kälte oder Trockenheit machen der Schafgarbe zu schaffen, sie ist eine Überlebenskünstlerin. Was sie nicht mag, ist zu viel Nässe.
Eine Verwechslungsgefahr mit einer giftigen Pflanze besteht bei der Schafgarbe nicht, wenn man davon absieht, dass ein absolut Ungeschulter die Blätter mit denen des Farns verwechseln könnte. Wer unsicher ist, verreibt die Blätter, und wenn diese aromatisch würzig duften, dann muss es eine Schafgarbe sein. Zudem sind die Blätter viel zarter gefiedert als die des Farns.

Küche

Im Frühjahr möglichst junge Triebe sammeln. Je zarter die Blätter, desto besser der Geschmack, der muskatnussartig bis herb-scharf ist. Ab April haben die Triebe bereits einen zu starken Geschmack und sind zudem schon hart. Grundsätzlich könnte man die Schafgarbe das ganze Jahr pflücken. Am besten probiert ein jeder selber, wie viel er davon mag. Als Zutat für einen Salat oder fein gehackt im Omelettteig oder mit Quark- und Frischkäse sowie Butter vermischt, sollte man auf keinen Fall zu viel Schafgarbe verwenden, da sie leicht bitter schmeckt und dann zu dominant ist. Kleine Mengen, fein gehackt, sind aber sehr gesund und geschmacklich interessant. So können wir unsere Nahrung ganz einfach mit den sonst so oft fehlenden Bitterstoffen anreichern. Die Blüten können als Dekoration verwendet werden. Sie sind essbar, es gibt aber besser schmeckende Blüten.

Schafgarbe

Inhaltsstoffe

Gerb- und Bitterstoffe, Flavonoide, Essig-Kaffee, Apfelsäure, Schleimstoffe, Kupfer, Kalium, diverse Vitamine und das ätherische Öl Azulen.

Gesundheit

Die Schafgarbe wurde als Heilpflanze immer hoch gelobt. Sie wirkt entzündungshemmend bei Magen- und Darmproblemen, ist zudem blutreinigend, beruhigend und kräftigend. Auch bei Nierenerkrankungen, Herzdurchblutungsstörungen, Nerven-, Kopf- und Zahnschmerzen wird diese vielseitige Heilpflanze eingesetzt. Die Bitterstoffe regen die Gallenproduktion an und lindern chronische Leberprobleme. Die Bitterstoffe regen die Verdauung an und helfen den Appetit zügeln, zudem regeln sie den Stuhlgang. Auch bei Menstruationsbeschwerden und bei Hämorrhoiden wird die Schafgarbe eingesetzt. Wer die vielfältigen Heilwirkungen nutzen möchte, der sollte aus der Pflanze Tee zubereiten oder die Urtinktur der Firma Ceres einnehmen.

Scharbockskraut, Gewöhnliches Scharbockskraut

Ranunculus ficaria

Botanik

Das ausdauernde, bis 15 cm hohe Scharbockskraut aus der Familie der Hahnenfußgewächse blüht von März bis Mai gelb. Im Volksmund wird es auch Frühlings-Scharbockskraut oder Feigwurz genannt. Es ist eines der ersten sprießenden und blühenden Wildkräuter. Die Pflanze liebt nährstoffreichen Lehm- oder Tonboden bis auf 1500 m. Die Pflanze wächst flach meist unter Gebüschen an eher feuchten und schattigen

Plätzen. Hier bildet das Kraut ganze Teppiche. Häufig wächst es auch unter Obstbäumen im Überfluss. Die lang gestielten, rundlich-herzförmigen, fleischigen, hellgrün glänzenden Blätter sind am Rand schwach gekerbt. Sobald das Scharbockskraut blüht, ist es leicht giftig und sollte nicht mehr gesammelt werden. Zur gleichen Familie gehören auch der giftige Hahnenfuß und die Sumpfdotterblume.

Küche

Die jungen, zarten Blätter haben einen leicht sauerscharfen Geschmack. Sie sind ideal für Salate. Fein gehackt können sie unter Quark, Frischkäse und Butter gemischt werden. Gegart sind die Blätter eher bitter und deshalb nicht zu empfehlen. Wildkräuterkenner verwenden auch die Wurzelknöllchen und Blütenknospen, die sie in Öl einlegen. Das Kraut sollte man in nicht zu großer Menge essen und nur vor der Blüte. Später wirkt es leicht toxisch und kann zu Schleimhautreizungen führen.

Inhaltsstoffe

Vitamin C, Ranunculin, Saponine, Gerbstoffe.

Gesundheit

Die Blätter enthalten reichlich Vitamin C und helfen in der Übergangszeit, das Immunsystem zu stärken. Früher wurde die Vitamin-C-Mangelkrankheit Skorbut auch «Scharbock» genannt. Es besteht also zwischen dem Namen und der Anwendung ein direkter Zusammenhang. Ferner wurde der Scharbock für die Haut- und Blutreinigung und gegen Hämorrhoiden eingesetzt.

Schaumkraut, Behaartes Schaumkraut

Cardamine hirsuta

Botanik

Das Schaumkraut gehört zur Familie der Kreuzblütler. Die einjährige Pflanze ist im Hausgarten als «Unkraut» bestens bekannt. Sie wird 30 cm hoch und blüht von März bis Juni weiß. Die Blätter haben einen ausgeprägten Kressegeschmack. Das Schaumkraut wächst in Weinbergen, auf Äckern und im Gebüsch am liebsten auf einem sandigen Lehmboden bis auf 1500 m.

Küche

Die zarten, nach Kresse schmeckenden Blattrosetten können schon ab Ende Februar bis Mai für Salate gepflückt werden. Frische Austriebe gibt es bis spät in den Herbst. Die Blattrosetten sind eines der besten Salatkräuter. Es schmeckt auch mit weicher Butter, Quark und Frischkäse vermengt. Gedämpft ist es wie Spinat zu verwenden. Die Wurzeln – sie bleiben beim Auszupfen meist an der Pflanze – können ebenfalls gegessen werden. Gleiches gilt für die Blüten.

Inhaltsstoffe

Senfölglykoside, Mineralstoffe, Bitterstoffe, Vitamin C (bis 360 mg je 100 g).

Gesundheit

Das Schaumkraut ist gut für die Leber und Gallentätigkeit. Es stärkt das Immunsystem und ist verdauungsfördernd. In der Volksheilkunde schätzt man es wegen seiner stoffwechselanregenden Wirkung und der Blutreinigung.

Schaumkraut, Wiesen-

Cardamine pratensis

Botanik

Der mehrjährige, maximal 60 cm hohe Kreuzblütler blüht von April bis Juni weiß bis blasslila. Das Wiesenschaumkraut wächst auf feuchten bis nassen Wiesen, teils in Auenwäldern und in feuchten Laubwäldern bevorzugt auf lehmigem, torfigem Boden.

Küche

Die zarten Blätter können je nach Region mit Ausnahme der kalten Wintermonate ganzjährig gepflückt werden. Von März bis Mai und auch im November schmecken die frisch ausgetriebenen Rosetten wunderbar in Salaten. Das Kraut eignet sich auch für eine Cremesuppe und für einen Gratin. Fein gehackt ist es eine gute Würze für Quark, Frischkäse und Butter. Auch die Blütenknospen sind essbar.

Inhaltsstoffe und Gesundheit

Siehe behaartes Schaumkraut.

Schlangenknöterich, Wiesenknöterich

Bistorta officinalis

Botanik

Der Knöterich gehört zur Familie der Knöterichgewächse. Die mehrjährige, bis 80 cm hohe Pflanze findet man bis auf 1800 m. Sie blüht von Mai bis Juli rosa bis rot. Sie bevorzugt feuchte Standorte wie zum Beispiel Auenwälder.

Küche

Die Blätter des Schlangenknöterichs schmecken ähnlich wie Spinat und können von April bis Ende August ebenso vielseitig in der Wildkräuterküche verwendet werden. Roh werden die Blätter unter Salate gemischt. Ab August kann man die nussig schmeckenden Samen sammeln und essen. Wildkräuterfans graben ab September die Wurzeln aus und bereiten aus diesen einen Gemüseauflauf oder Gemüsegratin zu.

Inhaltsstoffe

Gerbstoffe, Eiweiß, Vitamin C, diverse Zuckerarten, organische Säuren und Oxalsäure.

Gesundheit

In der Heilkunde wird vor allem die Wurzel wegen der Gerbstoffe verwendet. Über die Heilwirkungen der Blätter ist nichts bekannt.

Ampferknöterich

Er wird in der Küche gleich wie der Schlangenknöterich verwendet.

Stiefmütterchen, Wildes

Viola tricolor

Botanik

Das einjährige, bis 40 cm hohe, von April bis September blühende Stiefmütterchen gedeiht auf leicht saurem, sandigem Lehmboden. Bevorzugte Standorte sind Wegränder, Böschungen und Weinberge.

Küche

Die wunderschönen dreifarbigen, sehr aromatischen Blüten verwendet man am besten als essbare Garnitur für alle Arten von Speisen. Die Blätter sind nicht weniger aromatisch und können für Salatmischungen verwendet werden. Die ideale Sammelzeit der Blätter zum Rohessen ist von März bis Juni. Auch die Wurzeln sind essbar. Geröstet können sie Ersatz für Kaffee sein.

Inhaltsstoffe

Die Blätter enthalten Salicylsäure, Gerbstoffe, Flavonoide, Vitamin C und E und Schleimstoffe.

Gesundheit

In der Heilkunde wird ein Aufguss aus getrockneten Blättern zur Behandlung von Hautkrankheiten und Hautausschlägen, zur Blutreinigung und zur Anregung des Stoffwechsels verwendet. Auch bei grippalen Krankheiten und bei Keuchhusten ist der Aufguss angezeigt.

Taubnessel

Lamium album

Botanik

Es gibt drei Taubnesselarten: Die Weiße Taubnessel mit weißen Blüten (Lamium album), die Gefleckte Taubnessel mit purpurroten Blüten (Lamium maculatum) und die Goldnessel mit gelben Blüten (Lamium galeobdolon). Die Taubnessel gehört zur Familie der Lippenblütler. Die mehrjährige Pflanze wird je nach Sorte 45 bis 60 cm hoch. Die weiße Taubnessel sieht der Brennnessel ähnlich. Sie blüht von April bis September/Oktober. Taubnesseln lieben nährstoffreiche Lehmböden bis auf 1700 m.

Küche

Die Blätter aller Taubnesselarten sind Basis zahlreicher Wildkräuterspeisen. Im Frühling passen die jungen Triebzweige in Wildkräutersalate. Frische Taubnesseln haben einen fein würzigen Geschmack. Blanchierte Blätter schmecken wie Spinat. Die Blüten sind ebenfalls essbar.

Inhaltsstoffe

Kalium, Phosphor, Kalzium, Bor, Eisen, Magnesium, Kupfer, Zink, Schwefel, Flavonoide, Glykoside, Saponine, verschiedene Schleim- und Gerbstoffe.

Gesundheit

Die Taubnessel wurde in der Naturheilkunde schon immer genutzt. Sie belebt, ist entzündungshemmend, bekämpft Bakterien, ist blutstillend, verdauungsfördernd und harntreibend. Die Weiße Taubnessel wirkt besonders gegen Völlegefühl und Blähungen und stärkt den Darm. Sie ist auch ein bewährtes schleimlösendes Hustenmittel bei Erkrankungen der Atemwege. Weitere volksheilkundliche Anwendungen sind Blutreinigung, Verbesserung der Blutzirkulation und Anregung des Herz- und Kreislaufsystems. Die Taubnessel beruhigt bei Schlafstörungen und hilft bei Augenflimmern. Aus der Signaturlehre kann man auch eine Wirkung gegen Ausfluss ableiten. Pfarrer Künzle empfahl die Taubnessel für die Ausscheidung von Eiweiß im Urin. Leider spielt die Weiße Taubnessel in der modernen Kräuterheilkunde kaum mehr eine Rolle.

Thymian

Thymian, Feldthymian, Arzneithymian

Thymus pulegioides

Botanik

Die mehrjährige, bis 30 cm hohe Pflanze blüht von Juni bis September purpurrot. Sie liebt einen warmen, trokkenen Standort mit Sand- oder Lehmboden bis auf 2000 m.

Küche

Der Thymian wird auch in der Wildkräuterküche als Würzmittel eingesetzt. Man hackt die Blätter fein und aromatisiert damit Fleisch, Fisch, Kartoffeln und Gemüse. Für eine Kräuterbutter werden Gundelrebe, wilder Oregano und Thymian fein gehackt und unter luftig aufgeschlagene weiche Butter gerührt. Die Butter schmeckt wunderbar auf knusprigem Brot, zu Schalenkartoffeln und mit Nudeln und Ziegenfrischkäse vermengt. Die Zubereitung eines Thymianlikörs lohnt sich. Auch ein Wildkräutersalz ist vielseitig verwendbar: Thymian, Oregano und Minze fein hacken und mit Meersalz mischen, in einem Glas mit Schraubverschluss aufbewahren. Für Thymianöl respektive Thymianessig ganze Zweiglein von Feldthymian feinstem Olivenöl oder Essig beigeben. Die wunderbar duftenden Blüten über Kräuterkäse, Wildkräutersalate und Butterbrote streuen.

Inhaltsstoffe

Ätherische Öle, Flavonoide, Triterpene.

Gesundheit

Thymian hilft mit seiner stark antibakteriellen, antiseptischen Wirkung gegen Husten und Erkältungen. Bei Blähungen und Rheuma reibt man die schmerzenden Stellen mit alkoholischen Thymianauszügen ein.

Veilchen

Veilchen, Wohlriechendes Duft-, Märzenveilchen

Viola odorata

Botanik

Das aus dem Mittelmeerraum stammende, zur Familie der Veilchengewächse gehörende, mehrjährige Veilchen, welches man heute in ganz Europa findet, gedeiht am besten an halbschattigen Lagen in nährstoffreichem Lehmboden am Waldrand, in Gebüschen und Hecken bis auf 1000 m. Die herzförmigen violetten Blütenblätter haben einen feinen Duft, der sogar für Parfüms verwendet wird. 2007 war das Duftveilchen Heilpflanze des Jahres. Die zart duftenden Blüten entfalten sich von März bis April. Verwandt mit dem echten Duftveilchen ist das meist blasser blühende und nicht duftende Hainveilchen, das man aber ebenfalls in der Wildkräuterküche verwenden kann.

Inhaltsstoffe

Die Blüten enthalten ein stark riechendes ätherisches Öl und einen kräftigen blauen Farbstoff. Die Blütenblätter enthalten Saponine, Bitterstoffe, Alkaloide, Flavonoide und Schleimstoffe. Der Duft der Veilchen soll bei Stress ausgleichend wirken. Die Veilchenblätter werden für schleimlösende Teemischungen verwendet, die bei Bronchialbeschwerden empfohlen werden. Auch in der Homöopathie wird die Pflanze verwendet.

Küche

In der Wildkräuterküche werden die Blätter und die Blüten verwendet. Die Blätter werden von März bis Ende August/ September, die Blüten im März und April gesammelt. Die Blätter eignen sich für Salate. Aus den Blüten kann ein wohlriechender Sirup oder ein wohlschmeckender Veilchenessig hergestellt werden. Die Blüten sind auch eine schöne Garnitur.

Vergissmeinnicht, Acker-

Myosotis arvensis

Botanik

Das einjährige, bis 30 cm hohe Vergissmeinnicht blüht von April bis Oktober hellblau. Es liebt nährstoffreichen Boden, z. B. Getreidefelder, Waldlichtungen und magere Wiesen bis auf 1000 m.

Küche

Das Vergissmeinnicht kennen die meisten Menschen. Die essbaren Blüten schmecken nach grünem Tee. Guido Steffen Fleischhauer warnt in seinem Buch «Essbare Wildpflanzen» vor dem Verzehr größerer Mengen, weil sie möglicherweise lebertoxisch wirken können.

Gesundheit

Das Vergissmeinnicht wird in der Volksmedizin als Teeaufguss bei Hautquetschungen verwendet. Ansonsten sind keine Heileigenschaften bekannt.

Vergissmeinnicht

Vogelmiere
Stellaria media

Botanik
Die einjährige Pflanze gehört zur Familie der Nelkengewächse. Sie kann bis 30 cm hoch werden und blüht von März bis Oktober eher unscheinbar weiß. Die Vogelmiere wächst bevorzugt in Gärten, auf Äckern und auf Brachland bis auf 1900 m, wo sie ganze Flächen mit einem grünen Teppich überzieht. Sie ist mit ihrem unbändigen Wachstum für viele Gartenfreunde ein Albtraum.

Küche
Die mild schmeckende Vogelmiere wächst stets üppig und ist schon früh im Jahr verfügbar – in milden, frostfreien Lagen oft das ganze Jahr. Sie ist im Frühling das erste und im Herbst/Winter das letzte Wildkraut. Ich schneide die Vogelmiere mit einer Schere büschelweise ab. Stängel und Blüten können ebenfalls verwendet werden. Die Pflanze wird roh für Salate oder blanchiert wie Spinat zubereitet. Die Vogelmiere ist im Geschmack wie ein milder Kopfsalat.

Inhaltsstoffe
Bei den Inhaltsstoffen schlägt die Vogelmiere den Kopfsalat haushoch. Sie hat doppelt so viel Kalzium, 3-mal soviel Kalium und Magnesium und 7-mal so viel Eisen sowie 8-mal so viel Vitamin A (Betakarotin) und Vitamin C. Das Kraut enthält zudem das wertvolle Antioxidans Selen, wovon unsere Kulturpflanzen viel zu wenig enthalten. Selen spielt bei Unfruchtbarkeit eine wichtige Rolle.
Sieht man die fruchtbare Vogelmiere, die Tessiner nennen sie das Kraut der Hühner, «Erba di gallina», weil sie dieses gerne fressen, so wundert es nicht, dass man mit ihrem Genuss etwas für die Fruchtbarkeit tun kann. Weitere gesundheitsfördernde Inhaltsstoffe sind Schleimstoffe, Saponine, Flavonoide, Kieselsäure. Mit ihrem Vitalstoffreichtum ist die Pflanze auch eine Anti-Osteoporose-Pflanze.
Die Vogelmiere enthält auch die im Nachtkerzenöl enthaltene Gamma-Linolensäure, die entzündungshemmend wirkt, z. B. bei Rheuma, aber auch bei Hauterkrankungen. Vielleicht sollte man die Vogelmiere im Garten besser regelmäßig für Salate pflücken, als teure Nachtkerzenölkapseln zu kaufen.

Vogelmiere

Heilwirkungen
Die Vogelmiere ist in der Volksheilkunde schon lange als Mittel gegen Husten, Asthma und Lungenleiden bekannt. Sie kräftigt und reinigt den ganzen Organismus. Die Pflanze ist entzündungshemmend und kühlend, schmerzlindernd und verdauungsfördernd. Sie hilft aber auch gegen Krämpfe, bei Leberbeschwerden, bei übermüdeten Augen und bei Rheuma und Blasenleiden. Die Liste an Heilwirkungen ist damit noch nicht komplett. Der Tausendsassa kann auch bei Verbrennungen und bei Verletzungen verwendet werden. Die Homöopathen verwenden sie in potenzierter Form gegen Rheuma, Gelenkentzündungen, bei Bronchitis und gegen Psoriasis (Schuppenflechte). Bei diesem breiten Heilspektrum sollte man Skrupel haben, die wunderschöne Pflanze im Garten zu jäten. Wir können der Natur für die starke Verbreitung nur dankbar sein. Aber die Menschen haben offensichtlich noch nicht wirklich erkannt, weshalb die Vogelmiere so üppig wächst. Was haben die alten Heilkundigen stets gesagt: Dort, wo du dir dein Leiden holst, wächst ganz in der Nähe auch dein Heilmittel.

Walderdbeere

Fragaria vesca

Botanik

Die mehrjährige Walderdbeere gehört zur Familie der Rosengewächse. Sie wird bis 20 cm hoch und gedeiht auf nährstoffreichem Boden in Waldlichtungen. Blütezeit ist von April bis Juni.

Küche

Sehr junge Erdbeerblätter – sie haben einen grünteeähnlichen Geschmack, ältere schmecken herb – können im März und April unter Wildkräutersalate gemischt werden. Die Blüten sind ebenfalls essbar, man sollte sie aber lieber stehen lassen, damit sich aromatische Walderdbeeren ausbilden können. Die Walderdbeere ist sicher keine der besonders schmackhaften Wildpflanzen, da man sie aber überall findet, ist sie hier auch als essbare Pflanze erwähnt.

Inhaltsstoffe

Reichlich Gerbstoffe, Flavonoide, Salicylsäure.

Gesundheit

Ein Tee aus frischen Blättern hilft wegen der Gerbstoffe bei Durchfall, er ist harntreibend und adstringierend.

Wegerich, Spitz- und Breit-

Plantago lanceolata (Spitzwegerich)
Plantago major (Breitwegerich)

Spitz- und Breitwegerich gehören zur Familie der Wegerichgewächse. Die mehrjährigen Pflanzen werden bis 50 cm hoch und blühen von April bis September eher unscheinbar. Den Wegerich kennt fast jedes Kind, denn er wächst buchstäblich unter unseren Füßen. Vor allem der Breitwegerich ist ein zäher Bursche. Er gedeiht auf extrem verdichteten Böden wie Trampelpfad und Parkplatz, zwischen Pflastersteinen, selbst im Tor auf dem Fußballfeld, auf Wiesen und Rasen. Für Anhänger eines klinisch sauberen englischen Rasens ist der Wegerich ein Greuel, weil er alle anderen Pflanzen verdrängt. Er produziert zu seiner Lebzeit stolze 40 000 Samen. Im feuchten Zustand kleben sie an allem, was mit ihnen in Berührung kommt. Der Wegerich bevorzugt eher lehmhaltigen Boden. Er wächst bis 1900 m.

Walderdbeere

Breitwegerich

Spitzwegerich

wendet, damals war er sogar heilig. Das belegen auch seine Namen im Volksmund: Heilwegerich, Wundwegerich, Wegtritt, Wegebreit, Aderchrut. Der Tee hat eine blutreinigende und antibakterielle Wirkung. Bei Insektenstichen und Blutungen wird ein gequetschtes Blatt auf den Einstich oder die Wunde gelegt, das lindert und stillt die Blutung. Der Wegerich wird so beim Wildkräutersammeln zur Notfallapotheke. Beliebt ist der Sirup aus Wegerichblättern gegen Husten. Der Tee wird bei Katarrh, Atemwegsentzündungen, Husten, Bronchitis, Keuchhusten, Heiserkeit und Erkältungen aller Art empfohlen. Er bringt auch bei Asthma Linderung. In der Volksheilkunde wird er bei Blasen- und Nierenleiden sowie gegen Hämorrhoiden erwähnt. In der Homöopathie werden Zahn- und Ohrenschmerzen, Neuralgien und Bettnässen mit dem Wegerich therapiert.

Küche

Junge Spitzwegerichblätter werden von März bis Juni geerntet und fein geschnitten unter einen gemischten Wildkräutersalat gemischt. Wegen seiner kräftigen Längsfasern sollte man wirklich nur ganz junge, zarte Blätter verwenden. Die fein gehackten Blätter können auch unter einen Omelettteig gemischt oder wie Spinat gedämpft werden. Die unattraktiven Blütenstände haben einen champignonähnlichen Geschmack und sind ebenfalls essbar. Man isst sie roh oder bereitet sie im Backteig zu und serviert sie zum Aperitif. Auch die Blätter schmecken pilzig, sie erinnern an junge Steinpilze. Aus den Samen kann mit etwas Geduld ein nussiges Öl gepresst werden. Die Wurzeln werden allein oder mit anderen Gemüsen gedämpft oder gedünstet. In Indien und China wird der Wegerich sogar als Gemüse angebaut und auf den Märkten verkauft. Auch die anderen Wegericharten, so etwa der Alpine Wegerich und der Mittlere Wegerich, sind essbar.

Inhaltsstoffe

Saponine, Flavonoide, reichlich Kieselsäure, Zink, Kalium sowie reichlich Vitamin C, B und K.

Gesundheit

Der Wegerich ist bei uns eine der bekanntesten und häufigsten Heilpflanzen. Er wird seit der Antike ver-

Wegrauke, Wilder Senf, Wegsenf

Sisymbrium officinale

Botanik

Die einjährige Wegrauke gehört zur Familie der Kreuzblütler. Sie bildet wie ihr Verwandter, der Rettich, eine dünne Wurzel. Ihr Stiel ist verzweigt und borstig

behaart. Die Blätter sind ebenfalls dem Rettich ähnlich. Die Wegrauke blüht gelb. Die essbaren Blüten sind denen des Rapses und des Senfs ähnlich, welche zur gleichen Familie gehören.

Die fast auf der ganzen Welt verbreitete Wegrauke bevorzugt lehmige, lockere Böden und wächst gerne auf Feldern und Weiden, wo sie rasch zur Plage werden kann. Auch an Wegrändern und auf Ödland ist sie anzutreffen.

Weil die Wegrauke dem Ackersenf sehr ähnlich ist, kann man sie allenfalls mit diesem, ebenfalls essbaren Wildkraut oder dem zur gleichen Familie gehörenden Barbarakraut verwechseln. In einem Wildkräuterbuch ist zu lesen, dass die Wegrauke vor der Blüte selbst für Kenner schwer zu bestimmen ist. Wenn die Pflanze blüht, ist sie im Geschmack sehr intensiv und sollte nicht mehr verwendet werden.

Küche

Die zur Familie der Kreuzblütler gehörenden Pflanzen haben alle einen mehr oder weniger scharfen Geschmack, und die Wegrauke hat von allen den kräftigsten. Die jungen Blätter erinnern mit ihrem kresseartigen Geschmack am ehesten an Radieschen. Daraus kann man auch schon ihre Verwendung ableiten. Die jungen Blätter werden nach Belieben grob zerkleinert und roh für Mischsalate verwendet. Oder die Blätter fein hacken und unter Quark, Cottage Cheese und Frischkäse rühren, eventuell kombiniert mit Gundelrebe und Dost. Auch in eine Kräuterbutter passt die Wegrauke. Gekocht findet sie in Gemüsesuppen und Gemüsepürees Verwendung. Die Samen sind wie Senfsamen zu verwenden.

Wegrauke

Inhaltsstoffe

Senfölglykoside, Vitamin C, Kalium und Eisen.

Gesundheit

Die Wegrauke wirkt antibiotisch und antibakteriell. Sie stärkt das Immunsystem und entgiftet, sie unterstützt die Nieren-, Leber-, Magen- und Darmtätigkeit.

Weidenaster

Aster x salignus

Botanik

Die mehrjährige Pflanze, die man wie viele andere Wildpflanzen häufig eher als Unkraut wahrnimmt, ist in Europa stark verbreitet.

Küche

Die Blüten und Blätter sind essbar. Sie eignen sich für Salate. Alle anderen Asterarten sind ebenfalls essbar.

Weidenaster

Wicke, Vogelwicke

Vicia cracca

Botanik

Die mehrjährige Wicke ist ein Schmetterlingsblütler. Sie wird bis 1,2 m hoch und blüht von Mai bis August blauviolett. Zu finden ist sie vor allem an Waldrändern und entlang von Hecken, an Flussufern und anderen nicht zu trockenen Orten bis auf 1000 m.

Küche

Die jungen Triebspitzen verwendet man vom ersten Austrieb bis in den Juni – ältere Blätter sind herb, hart und ungenießbar – in kleinen Mengen für Salate. Sehr schmackhaft sind die blühenden Triebspitzen im Ausbackteig. Die Blüten sind eine schöne Garnitur. Als Gemüse sind die Blätter weniger zu empfehlen. Sehr schmackhaft sind im Sommer die grünen Samenschoten, die man mit wenig durchgepresstem Knoblauch und Kräutersalz in Olivenöl kurz dünstet.

Inhaltsstoffe

Gerbstoffe, Asparagin, diverse Vitamine und Spurenelemente.

Gesundheit

Die Triebspitzen regen den Stoffwechsel an. Die Pflanze wurde schon in der Steinzeit als Nahrungspflanze genutzt.

Wiesenknopf, Großer

Sanguisorba officinalis

Wiesenknopf, Kleiner

Sanguisorba minor

Botanik

Der Wiesenknopf ist eine mehrjährige Pflanze. Der Große Wiesenknopf wird bis 1,2 m, der Kleine Wiesenknopf bis 40 cm hoch. Sie blühen rotbraun, von Mai bis August, je nach Region früher oder später. Die Blüten sehen wie ein kugeliges Köpfchen aus. Die Pflanze bevorzugt trockene Standorte auf Wiesen und Wegrändern bis auf 1200 m (Kleiner Wiesenknopf) und 1400 m (Großer Wiesenknopf). In der Umgangssprache heißt der Wiesenknopf auch Pimpinelle.

Küche

Die sehr jungen, relativ bissfesten Triebspitzen können unter einen Salat gemischt werden. Fein gehackte Blätter unter luftig aufgeschlagene Butter und Frischkäse. Man sollte den Wiesenknopf wegen des relativ hohen Gerbstoffgehaltes (machen das Kraut eher herb) roh und nur in kleinen Mengen verwenden.

Inhaltsstoffe

Ätherische Öle, Vitamin C, Gerbstoffe, Flavonoide, Terpene.

Gesundheit

Wegen des hohen Anteils an Gerbstoffen ist der Wiesenknopf vor allem bei Durchfall und bei inneren Blutungen angezeigt. In der Homöopathie wird die Pflanze bei Stauungen im Venensystem eingesetzt.

Wiesenknopf

Gartensilberblatt

Aperitifs
Vorspeisen

Wildkräuter-Frischkäse-Soufflé

für 6 Portionenförmchen

200 g Wildkräuter z. B. junge Triebspitzen von Brennnessel, Giersch, Melde, Franzosenkraut, Portulak, Fuchsschwanz
2 Freilandeier
1 dl/100 ml Rahm/Sahne
100 g Ziegenfrischkäse
Kräutersalz
frisch gemahlener Pfeffer

Crème fraîche für die Garnitur

1 Backofen auf 200 °C vorheizen.

2 Souffléförmchen mit Butter einfetten.

3 Kräuter gründlich waschen (nicht mehr ganz junge Kräuter von den Stielen zupfen). Im Dampf 3 bis 4 Minuten garen.

4 Eier, Rahm und Ziegenfrischkäse im Mixer verquirlen, Wildkräuter zugeben und fein mixen. Die Masse in die vorbereiteten Förmchen füllen.

5 Souffléförmchen in der Mitte in den Ofen schieben, bei 200 °C 20 bis 25 Minuten backen, Nadelprobe machen.

Variante Weniger intensiv wird der Wildkräutergeschmack wenn man nur 120–150 g Kräuter nimmt.

Wildkräuter-Crostini mit Blüten

1 große Baguette, in Scheiben
weiche Butter
grobkörniges Meersalz
Ziegen- oder Kuhmilchfrischkäse
Wildkräuter: Bärlauch, Sauerampfer, Schaumkraut, Brunnenkresse, Leimkrauttriebspitzen, Bärenklau, Brennnessel, wilder Lauch
Olivenöl extra nativ nach Belieben
Blüten, z. B. Veilchen, Schlüsselblumen, wilde Stiefmütterchen

1 Kräuter getrennt oder einzeln fein hacken oder in feine Streifen schneiden.

2 Baguettescheiben nach Belieben im Backofen bei 220 °C rösten.

3 Weiche Butter mit grobkörnigem Meersalz würzen, auf die Baguettescheiben streichen. Und/oder Frischkäse mit grobkörnigem Meersalz würzen, auf die Baguettescheiben streichen. Mit den Kräutern belegen, nach Belieben mit Olivenöl beträufeln, mit den Blüten garnieren.

Vorspeisen

Guacamole mit Wildkräutern

1 reife Avocado
1 kleine Zwiebel, gehackt
wenig grüner Peperoncino, entkernt, in Streifchen
1–2 EL Olivenöl extra nativ
½ Zitrone oder Limette, Saft
10 g Brunnenkresse oder Gundelrebe oder junger Giersch
Salz
frisch gemahlener Pfeffer

1 Avocado halbieren, Stein entfernen, Fruchtfleisch aus der Schale lösen.

2 Wildkräuter entstielen und von Hand fein hacken.

3 Avocadofleisch, Zwiebeln, Peperoncino und Olivenöl im Cutter mixen, Wildkräuter untermischen, mit Salz und Pfeffer abschmecken.

Tipps Mit Mais-Chips servieren. Für eine Mahlzeit die Menge verdoppeln und mit knusprig gebratenen jungen Ofenkartoffeln mit Thymian servieren. Köstlich und auch noch gesund!

Variante Auch Knoblauchrauke, Barbarakraut und Bärlauch können mit der Avocado kombiniert werden. Als Garnitur eignen sich Wiesensalbeiblüten, Veilchen usw.

Wildkräuter im Ausbackteig

Ausbackteig

125 g Dinkelweißmehl/ Mehl Type 610
2 ½ dl/250 ml helles Bier
1 Freilandei, Eigelb und Eiweiß getrennt
1 EL Olivenöl extra nativ
1 unbehandelte Zitrone, wenig abgeriebene Schale

Olivenöl extra nativ zum Braten

Kräuter

Brennesseltriebspitzen (im Herbst/Ende August auch mit Samen), Leimkrauttriebspitzen, Scharbocktriebspitzen, Beinwellblätter mit Blütenansatz, Hopfensprossen mit Blättern, Fuchsschwanz

1 Für den Ausbackteig Mehl, Bier, Eigelb und Olivenöl glattrühren, mit der Zitronenschale abschmecken. Den Teig 30 Minuten ruhen lassen. Das Eiweiß zu Schnee schlagen, unterziehen.

2 Kräuter waschen und trockenschleudern.

3 Frische Kräuter im Ausbackteig wenden, in einer beschichteten Bratpfanne in reichlich Olivenöl beidseitig backen. Mit wenig Salz bestreuen. Sofort servieren.

Gefüllte Beinwellblätter Die Hälfte der Beinwellblätter mit Ziegenfrischkäse bestreichen. Mit einem zweiten Blatt zudecken. Gefüllte Blätter durch den Ausbackteig ziehen, im Olivenöl beidseitig backen.

Aperitif Die gebackenen Wildkräuter sind ein toller Auftakt zu einem Wildkräuter-Essen.

Wildkräuterröllchen in Variationen

Omelettteig
100 g Dinkelweißmehl/
Mehl Type 610
1½ dl/150 ml Milch
1½ dl/150 ml helles Bier
2 EL Olivenöl extra nativ
3 Freilandeier
50 g Bärlauch
30 g Brunnenkresse

Olivenöl extra nativ zum Braten

Füllungen
Räucherlachs oder Wildlachs
Bündner Fleisch
Frischkäse, z. B. Ziegenfrischkäse

Blüten für die Garnitur

frisch gemahlener Pfeffer
Olivenöl extra nativ oder
wenig Limonenöl

1 Wildkräuter waschen und trockenschleudern, grob hacken. Mit den übrigen Teigzutaten im Mixer pürieren. 30 Minuten ruhen lassen.

2 In einer beschichteten Bratpfanne in wenig Olivenöl 4 Omeletts backen, noch warm aufrollen und bis zum Füllen in Klarsichtfolie einwickeln.

3 Kalte oder lauwarme Omeletts ausbreiten, nach Belieben mit Lachs oder Bündner Fleisch belegen oder mit Frischkäse bestreichen. Aufrollen. In Röllchen schneiden. Auf Zahnstocher stecken. Auf eine Platte legen. Mit Blüten garnieren.

Frischkäsebällchen im Blütenkleid

Ziegen- oder Kuhmilchfrischkäse
Kräuter wie Bärlauch, Brunnenkresse, Stiele von Bärenklau, Sauerampfer, Hederich, fein gehackt
Blüten von Gundelrebe, Ehrenpreis oder Thymian
Meersalz

1 Frischkäse und Kräuter verrühren, mit Salz abschmecken.

2 Kräuter-Frischkäse-Masse mit einem Esslöffel portionieren, Bällchen formen, in den Blüten wenden, sanft andrücken.

Crostini mit Frischkäse-Kräuter-Forellen-Mousse

1 dunkle Baguette, in Scheiben

100 g Ziegen- oder Kuhmilchfrischkäse
40–50 g Wildkräuter, z. B. wenig Bärlauch, Sauerampfer, Brunnenkresse, junger Giersch, Knoblauchrauke, zerkleinert und gehackt
1 geräuchertes Forellenfilet
2 El Olivenöl extra nativ
frisch gemahlener Pfeffer
Fleur de Sel
1 unbehandelte Zitrone, wenig abgeriebene Schale

1 Frischkäse, Kräuter, Forellenfilet und Olivenöl fein mixen, mit Pfeffer, Fleur de Sel sowie Zitronenschalen würzen.

2 Baguettescheiben im Backofen bei 220 °C rösten.

3 Die Mousse auf den gerösteten Brotscheiben verstreichen.

Vorspeisen

Bärlauchcremesuppe

150–200 g mehlig kochende Kartoffeln
ca. 8 dl/800 ml Gemüsebrühe
20 g junge Brennnessel-triebspitzen
1 dl/100 ml Rahm/Sahne
80 g Bärlauch, in Streifen
frisch gemahlener Pfeffer

1 dl/100 ml Schlagrahm/-sahne

1 Kartoffeln schälen und in Würfel schneiden, in der Gemüsebrühe weichkochen. Brennnesseln die letzten 2 bis 3 Minuten mitkochen.

2 Bärlauch mit dem Rahm pürieren.

3 Kartoffeln und Brennnesseln mit der Gemüsebrühe zum Bärlauchpüree geben und sämig mixen. Bärlauchcremesuppe erwärmen, aber nicht kochen. So bleiben die Farbe und der kräftige Bärlauchgeschmack erhalten. Wem der Geschmack zu intensiv ist, nimmt einfach weniger Bärlauch. Suppe in vorgewärmten Tassen/Tellern anrichten, mit einem Esslöffel Rahm garnieren.

Tipps und Varianten Je nach gewünschter Konsistenz etwas mehr Kartoffeln respektive weniger Brühe verwenden. Statt Bärlauch die Suppe mit Giersch oder Brennnesseln zubereiten, beide müssen zuerst im Dampf etwa 5 Minuten blanchiert und dann fein gehackt werden.

Natternkopf

Salate

Gemischter Wildkräutersalat

4 Handvoll Wildkräuter:
junger Giersch, junge Melde,
junge Sauerampferblätter,
Gundelrebe, wenig sehr
junge Schafgarbenblätter,
junge Knoblauchraukenblätter,
Ehrenpreisblätter und Ehrenpreisblüten, junge Brunnenkresse
Schaumkrautblätter
Blüten und Blätter von Veilchen
und Stiefmütterchen
Gänseblümchen

Zitronenvinaigrette
1 Zitrone, Saft
2 EL Rahm/Sahne
6 EL Olivenöl extra nativ
Salz
frisch gemahlener Pfeffer

1 Wildkräuter gründlich waschen, trockenschleudern. Blätter je nach Größe fein schneiden.

2 Vinaigrette zubereiten. Wildkräuter mit der Vinaigrette vermengen. Anrichten. Mit den Blüten garnieren.

Tipp Je jünger und zarter die Wildkräuter sind, desto besser ist das Aroma.

Mediterraner Bohnensalat mit Barbarakraut

200 g gekochte weiße Bohnen
1 kleine rote Zwiebel,
in feinen Ringen
8 Cherrytomaten, halbiert
20 g Barbarakraut mit Blüten

Sauce
2 EL Rotweinessig
4 EL Olivenöl extra nativ
Kräutersalz
frisch gemahlener Pfeffer

Die Zutaten mit der Sauce mischen.

Tipp Diesen Salat serviere ich gerne als Auftakt zu einem mehrgängigen Wildkräuteressen.

Löwenzahnsalat mit gebackenem Kräutertomme

4 Tommes, je 100 g, evtl. Ziegen- oder Schafmilch-Tommes
3 EL mittelfein gehackte Baumnüsse/Walnüsse oder Haselnüsse
Wilder Thymian, Wilder Oregano , ein wenig junge Schafgarbe, evtl. Brunnenkresse, insgesamt 20 g
½ unbehandelte Zitrone, abgeriebene Schale
3 EL Olivenöl extra nativ
Kräutersalz
frisch gemahlener Pfeffer

Rotweinsauce
1 EL Rotweinessig
3–4 EL Olivenöl extra nativ oder gemischt mit halb Haselnuss- oder Baumnussöl/Walnussöl
1 TL Senf
Salz, Kräutersalz
frisch gemahlener Pfeffer

4 Handvoll junge Löwenzahnblätter, evtl. mit einigen ganz jungen Spitzwegerichblättern gemischt
essbare Blüten

1 Backofen auf 230 °C vorheizen.

2 Tommes auf ein mit Backpier belegtes Blech legen. Nüsse und Kräuter fein hacken, mit Zitronenschale und Öl zu einer Paste rühren, mit Kräutersalz und Pfeffer abschmecken. Paste auf dem Käse verstreichen.

3 Sauce zubereiten.

4 Tommes in der Mitte in den Ofen schieben, bei 230 °C überbacken, bis die Kruste knusprig ist und der Käse zu verlaufen beginnt .

5 Kräuter und Sauce gut mischen, anrichten, mit Blüten garnieren. Gebackene Tommes auf den Salat legen, sofort servieren.

Brunnenkressesalat mit Ei

4 Handvoll Brunnenkresse
2–3 Freilandeier
Salz
frisch gemahlener Pfeffer
Balsamico
4–6 EL Olivenöl extra nativ

Wildblüten für die Garnitur

1 Eier im Wasser 4 bis 5 Minuten kochen. Mit kaltem Wasser abschrecken und schälen.

2 Brunnenkresse gut waschen und trockenschleudern.

3 Kräuter auf Teller verteilen, mit Salz, Pfeffer, wenig Balsamico und Olivenöl abschmecken. Eier in Würfel schneiden und darüber verteilen, mit Pfeffer bestreuen.

Tipp Mit gerösteten Baguettescheiben servieren.

Variante Anstelle der Brunnenkresse sehr jungen Giersch oder junge Melde verwenden.

Wildkräutersalat mit Blauschimmelkäse und Pinienkernen

50 g wilder Nüssli-/Feldsalat
50 g möglichst junge Löwenzahnblätter
30 g junge Scharbockskrautblätter
20 g junge Knoblauchraukeblätter

100 g Blauschimmelkäse z. B. Gorgonzola, zerpflückt
2 EL trocken geröstete Pinienkerne

Sauce
4–6 EL Olivenöl extra nativ
1–2 EL Baumnuss-/Walnussöl nach Belieben
½ Zitrone, Saft
frisch gemahlener Pfeffer
Salz
einige Tropfen guter Balsamico nach Belieben

1 Wildkräuter gut waschen, trockenschleudern.

2 Kräuter mit der Sauce mischen. Anrichten. Blauschimmelkäse und Pinienkerne darüberstreuen.

Tipp Wer eine etwas sämigere und mildere Sauce möchte, gibt noch ein wenig Crème fraîche dazu.

Salate

Griechischer Salat mit Wildkräutern

kleine Vorspeise

1 große Tomate
½ Freilandgurke
½ rote Peperoni/Paprikaschote
1 rote Zwiebel
6 schwarze Oliven
35–50 g Wildkräuter, z. B. junge Gierschblätter, sehr junge Gundelrebenblätter, ein wenig gehackter Dost, evtl. wenig grob gehackte Wasserminze

Vinaigrette
3 EL Olivenöl extra nativ
½–1 Zitrone, Saft
Kräutersalz
frisch gemahlener Pfeffer

100 g Fetawürfelchen

1 Den Stielansatz der Tomate mit einem spitzen Messer ausstechen, die Tomate in 8 Spalten schneiden. Gurke schälen, in Scheiben schneiden. Peperoni entkernen und in feine Streifen schneiden. Zwiebel schälen und in feine Ringe schneiden.

2 Sämtliche Zutaten mit der Vinaigrette mischen, anrichten. Mit den Fetawürfelchen bestreuen. Sofort servieren.

Bunter Ostersalat mit Ei

1 Radicchio di Treviso/Trevisano
2–3 Handvoll, 80–120 g Wildkräuter, z. B. Scharbockskrautblättchen, wenig junger Löwenzahn, junge Spitzwegerichblätter, junge Schafgarbenblättchen, einige Leimkrautblättchen, Vogelmieretriebspitzen, Franzosenkraut, Melde
1 kleiner dickbauchiger Fenchel
1 Avocado

Sauce
1–2 Zitronen, Saft
2 TL Senf
Kräutermeersalz
frisch gemahlener Pfeffer
2–3 EL Olivenöl extra nativ
1–2 EL Baumnussöl/Walnussöl

1 Handvoll Baumnuss-/Walnusskerne, trocken geröstet
4 weichgekochte Eier
essbare Blüten

1 Scharbockskraut, Leimkraut- und Vogelmieretriebspitzen ganz lassen, übrige Kräuter (z. B. Schafgarbe, Spitzwegerich) je nach Größe zerkleinern.

2 Sauce zubereiten.

3 Fenchel in Streifen schneiden. Radicchio in die Blätter zerlegen, evtl. zerkleinern. Avocado schälen, halbieren, entsteinen. Jede Fruchthälfte in 6 Stücke schneiden.

4 Salat, Wildkräuter, Fenchel und Avocado mit der Sauce mischen. Anrichten. Mit halbierten Eiern, Nüssen und Blüten garnieren.

Salate

Sauerklee

Mahlzeiten

Kartoffel-Vogelmiere-Bratlinge

400 g fest kochende Kartoffeln
80–120 g gemischte Wildkräuter
z. B. junge Vogelmiere,
Leimkraut- und Taubnessel-
triebspitzen, junger Giersch,
fein gehackt
3 Freilandeier, verquirlt
50 g geriebener Sbrinz oder
anderer Reibkäse
Salz
frisch gemahlener Pfeffer

Olivenöl extra nativ

Sauce
Halbfettquark
frisch geriebener Meerrettich
Meersalz

1 Die Kartoffeln in der Schale im Dampf weich kochen, heiß schälen. Mit dem Kartoffelstampfer zerstampfen. Wildkräuter, Eier und Käse unter die Kartoffeln rühren, mit Salz und Pfeffer abschmecken.

2 Meerrettich schälen, auf der Rohkostreibe zum Quark reiben, mit Salz abschmecken.

3 Mit Hilfe eines nicht zu großen runden Ausstechringes (Guetzliausstecher) Bratlinge auf Backpapier formen.

4 Bratlinge in einer beschichteten Bratpfanne im heißen Olivenöl beidseitig bei mittlerer Hitze einige Minuten knusprig braten.

Tipp Die Bratlinge schmecken auch kalt.

Kräuter Die Kräutermenge variiert je nach Kräutern, die nicht alle das gleiche Volumen haben. Man darf in der Zusammenstellung ohne weiteres variieren. Ich finde Bratlinge mit jungem Giersch oder auch nur mit Vogelmiere sehr delikat.

Wildkräuter-Rösti

600–800 g Gschwellti/
gekochte Schalenkartoffeln
50 g Olivenöl extra nativ
Kräutermeersalz
frisch geriebene Muskatnuss
100–150 g Gierschblätter,
fein geschnitten
20 g geriebener Käse

1 Kartoffeln schälen und auf der Röstiraffel reiben.

2 In einer beschichteten Bratpfanne die Hälfte des Olivenöls erhitzen. Kartoffeln zugeben, mit Kräutersalz und Muskatnuss würzen, unter Rühren braten. Vor Ende der Bratzeit den Giersch unter die Kartoffen mischen, einen Kuchen formen, bei mittlerer Hitze braten. Rösti wenden, das restliche Olivenöl zugeben, fertig braten. Käse darüberstreuen und zugedeckt schmelzen lassen.

Kräuter Der Giersch kann durch Gundelrebe, einige Wiesensalbeiblätter, wenig gehackte Schafgarbe und Knoblauchrauke ersetzt werden.

Fettuccine mit Brennnesseln und Leimkraut

350 g Fettuccine mit Ei
(breite Bandnudeln)
1 große Handvoll (150 g)
Leimkrauttriebspitzen
1 große Handvoll (150 g) möglichst
junge Brennnesseltriebspitzen
150 g zerbröckelter Gorgonzola
oder Mascarpone
frisch gemahlener Pfeffer
Olivenöl extra nativ
Blüten von Knoblauchrauke
für die Garnitur

1 Fettuccine in reichlich Salzwasser al dente kochen, 2 bis 3 Minuten vor Ende der Garzeit Wildkräuter zugeben und mitkochen. Pasta abgießen, das Kochwasser für eine Wildkräutersuppe verwenden.

2 Eine große Schüssel mit heißem Wasser erwärmen, Fettuccine mit dem Gorgonzola darin mischen.

3 Fettuccine anrichten, mit Olivenöl beträufeln, mit den Blüten garnieren.

Kräuter Statt Leimkraut kann man auch Giersch verwenden.

Mahlzeiten

Wildkräuter-Tortilla

6 Freilandeier
1 dl/100 ml Rahm/Sahne
3 EL geriebener Sbrinz oder anderer Reibkäse
2 EL Speckwürfelchen, nach Belieben
4–5 EL Olivenöl extra nativ
2–3 kleine Zwiebeln, in feinen Scheiben
3 Handvoll (120 g) gemischte Wildkräuter z. B. 80 g Vogelmieretriebspitzen, 20 g junge Brennnesselblätter, wenig junger Giersch und Melde
4 kleine gekochte Schalenkartoffeln, geschält, in Scheiben
frisch gemahlener Pfeffer
Kräutermeersalz

1 Eier und Rahm verquirlen, Käse und Speck unterrühren.

2 In einer weiten beschichteten Bratpfanne Zwiebelscheiben in 2 EL Olivenöl langsam glasig dünsten, Wildkräuter unterrühren und zusammenfallen lassen, Eiermasse darübergießen, Kartoffelscheiben darauflegen, Eiermasse bei schwacher Hitze langsam stocken lassen, Tortilla mit Hilfe eines Pfannendeckels wenden, nochmals ein wenig Öl in die Bratpfanne geben, Tortilla fertigbacken. Leicht ausgekühlt oder kalt servieren.

Tipp Anfänger können 8 Eier nehmen, die Tortilla wird so kompakter und kann leichter gewendet werden.

Wildkräuterrisotto

1 EL Butter
2 EL Olivenöl extra nativ
1 kleine Zwiebel oder Schalotte, fein gehackt
300 g Risottoreis
1 dl/100 ml Weißwein
ca. 1,2 l heiße Gemüsebrühe
150 g Leimkrauttriebspitzen
100 g Ziegenfrischkäse oder Gorgonzola
frisch gemahlener Pfeffer

frisch geriebener Käse

1 Zwiebeln in der Butter-Olivenöl-Mischung andünsten, Reis zugeben und glasig werden lassen, mit dem Weißwein ablöschen, heiße Gemüsebrühe zugeben, Reis bei schwacher Hitze 15 bis 20 Minuten köcheln lassen, häufig rühren. Der essbereite Risotto sollte feucht sein und noch Biss haben. Leimkrauttriebspitzen die letzten 4, maximal 5 Minuten mitköcheln. Oder Leimkraut in wenig Wasser oder im Dampf kochen und dann unter den Risotto rühren. So bleibt die grüne Farbe erhalten und die Leimkrauttriebspitzen haben den Geschmack von jungen Erbsen. Frischkäse unterrühren. Mit Pfeffer abschmecken. Käse darüberstreuen. Den Risotto sofort servieren.

Zum Rezept Ich liebe es, den Risotto mit Ziegenfrischkäse abzuschmecken. Man kann aber auch den geschmacklich neutralen Mascarpone verwenden.

Wildkräuter Wildkräuter und Risotto sind eine tolle Kombination. Es können auch junge Brennnesselblätter, Hopfensprossen, Melde und junger Giersch verwendet werden (alle diese Kräuter werden mitgekocht). Fein geschnittener Bärlauch am Schluss unterrühren, nicht mitkochen.

Bratkartoffeln mit Wildkräutern

4–5 EL Olivenöl extra nativ
600 g gekochte Schalenkartoffeln
100–150 g gemischte
Wildkräuter wie Bärlauch,
Giersch, Melde oder
junge Brennnesseltriebspitzen
Kräutersalz

1 Kartoffeln schälen und in 5 mm dicke Scheiben schneiden.

2 Wildkräuter gründlich waschen, trockenschleudern, in Streifen schneiden.

3 Kartoffelscheiben im Olivenöl knusprig braten. Kräuter gegen Ende der Bratzeit kurz mitbraten, mit Salz würzen.

Variante Einige schwarze Oliven mitbraten.

Serviervorschlag Mit Frischkäse oder einem rahmigen/sahnigen Weichkäse servieren.

Wildkräuterknöpfli

für 2 bis 3 Personen als leichte Mahlzeit

250 g Dinkelweißmehl/ Mehl Type 605
2 ½ dl/250 ml Milch
1–2 EL Olivenöl extra nativ
2 Freilandeier
Salz
frisch geriebene Muskatnuss
200 g gemischte Wildkräuter, z. B. Melde, Brennnnessel, Giersch, Beinwell, Vogelmiere, Franzosenkraut

Butter

2 EL Olivenöl extra nativ
1–2 große rote Zwiebeln

1 Wildkräuter gründlich waschen, im Dampf 3 Minuten blanchieren, abtropfen lassen, fein hacken.

2 Mehl, Milch, Olivenöl und die beiden Eier zu einem Teig rühren, mit Salz und Muskatnuss würzen. 15 bis 30 Minuten quellen lassen. Wildkräuter unterrühren.

3 In einem großen Kochtopf reichlich Salzwasser erhitzen. Teig portionsweise durch das Knöpflisieb in das kochende Salzwasser streichen. Knöpfli steigen lassen, mit dem Schaumlöffel herausnehmen und unter kaltem Wasser abschrecken.

4 Die Zwiebeln schälen und in Ringe schneiden, im Olivenöl weichdünsten.

5 Wildkräuterknöpfli in einer beschichteten Bratpfanne in der Butter schwenken. Anrichten. Mit den Zwiebeln garnieren.

Tipps Die Knöpfli kann man auch einige Tage im Kühlschrank aufbewahren oder tiefkühlen (man gibt sie gefroren in das kochende Salzwasser und lässt sie an die Oberfläche steigen.

Gemischter Wildkräuterspinat

3 EL Olivenöl extra nativ
800 g –1 kg gemischte,
  sehr junge Wildkräuter wie
  Giersch, Hopfensprossen,
  Triebspitzen von Brennnessel,
  Vogelmiere, Melde,
  Leimkraut
Salz
frisch gemahlener Pfeffer
  aus der Mühle
1 dl/100 ml Rahm/Sahne

50 g trocken geröstete
  Pinienkerne

1 Wildkräuter portionsweise gründlich waschen, trockenschleudern.

2 Wildkräuter in 2 bis 3 Portionen im Dampf zusammenfallen lassen. Dann im Olivenöl unter Rühren einige Minuten dünsten, mit Salz und Pfeffer würzen, mit ein wenig Rahm verfeinern.

2 Spinat anrichten. Pinienkerne darüberstreuen.

Tipps Ältere Kräuter von den Stielen zupfen und zuerst in reichlich Salzwasser 3 Minuten blanchieren.

Serviervorschlag Pro Person 4 geschälte Riesenkrevetten/-garnelen mit Salz, Pfeffer und getrockneten Provencekräutern würzen, im Olivenöl beidseitig kurz braten, auf Spießchen stecken. Auf dem Spinat anrichten. Mit Blüten garnieren.

Wildkräuter-Käseschnitte

für 6 Portionen

6 dunkle Baguettescheiben oder Ruch-/Schwarzbrot
trockener Weißwein

100 g Roquefort
100 g Gorgonzola
2 EL Olivenöl extra nativ
50 g gemischte Würz-Wildkräuter, z. B. junge Schafgarbenblättchen, Dostblätter, Thymianblättchen, Gundelrebenblätter mit Blüten, 2–3 Bärlauchblätter, 4–5 Knoblauchrauke-Blütenstände
frisch gemahlener Pfeffer

Taubnesselblüten oder andere Blüten für die Garnitur

1 Backofen auf 250 °C vorheizen.

2 Kräuter grob hacken.

3 Roquefort und Gorgonzola mit der Gabel zerdrücken, mit Olivenöl und Kräutern zu einer Paste rühren, mit Pfeffer abschmecken.

4 Brotscheiben auf ein Backblech legen, mit Weißwein beträufeln, Wildkräuterpaste darauf verteilen.

5 Das Backblech in der oberen Hälfte in den Ofen schieben, Wildkräuter-Käseschnitten bei 250 °C einige Minuten backen, bis der Käse verläuft, heiß servieren.

Tipp Wem der Geschmack des Roqueforts zu intensiv ist, verwendet stattdessen auf der Röstiraffel geriebenen Bergkäse.

Tagliatelle mit Wasserminze und Zucchini

350 g frische Tagliatelle

4–6 EL Olivenöl extra nativ
2 rote Zwiebeln, in Ringen
3 kleine Zucchini
1 Büschel Wasserminze,
ca. 20 Blätter, in Streifen

Wasserminze für die Garnitur
Blüten für die Garnitur

1 Zucchini beidseitig kappen, in 5 mm dicke Scheiben schneiden.

2 Olivenöl erhitzen, Zwiebeln darin andünsten, Zucchini zugeben, unter Rühren einige Minuten mitdünsten, Wasserminze unterrühren, mit Pfeffer abschmecken.

3 Nudeln in einem großen Koch-Topf in reichlich Salzwasser al dente kochen. Abgießen.

4 Tagliatelle mit dem Gemüse mischen. Anrichten. Mit frischer Wasserminze und Blüten garnieren.

Kichererbsencrêpes mit Wildkräuter-Ricotta-Füllung

Crêpeteig

100 g Kichererbsen- oder Quinuamehl
25 g Dinkelweißmehl/ Mehl Type 610
4 Freilandeier
1¼ dl/125 ml Milch
1 Prise Salz

Olivenöl extra nativ zum Braten

Füllung

150 g Feta oder Manourikäse (Schafziger)
100 g Ricotta
100 g geriebener Sbrinz oder Parmesan
350 g gemischte Wildkräuter für Spinat, z. B. Vogelmiere, Giersch, Brennnesseln, Taubnesseltriebspitzen, Leimkrautspitzen, Beinwell
1 unbehandelte Zitrone, abgeriebene Schale
Salz
frisch gemahlener Pfeffer

5–10 junge Scharfgaben- oder Dostblättchen, fein gehackt, oder abgezupfter Feldthymian
geriebener Sbrinz oder Parmesan zum Überbacken
1 unbehandelte Zitrone, abgeriebene Schale
Olivenöl extra nativ

1 Für die Crêpes die Zutaten im Mixer oder von Hand zu einem glatten Teig rühren, 20 bis 30 Minuten quellen lassen.

2 Aus dem Kichererbsenteig in einer beschichteten Bratpfanne in wenig Olivenöl möglichst dünne Crêpes ausbacken. Stapeln und bis zur Verwendung in Folie einschlagen.

3 Kräuter in Portionen gründlich waschen. Im Dampf etwa 3 Minuten zusammenfallen lassen, sanft ausdrücken, portionsweise hacken.

4 Backofen auf 220 °C vorheizen.

5 Alle Zutaten für die Füllung vermengen, mit Zitronenschale, Salz und Pfeffer würzen.

6 Wildkräuterfüllung auf die Crêpes verteilen, einrollen. Auf ein eingefettetes Kuchenblech oder in eine eingefettete Gratinform legen. Restliche Kräuter, geriebenen Käse und Zitronenschalen darüberstreuen, mit Olivenöl beträufeln.

7 Kichererbsencrêpes im Ofen bei 220 °C einige Minuten überbacken.

Serviervorschlag Mit einer leichten Zitronensauce servieren. Dazu 2 dl/200 ml Rahm/Sahne erhitzen, mit einem Esslöffel angerührter Maisstärke oder angerührtem Pfeilwurzelmehl binden, mit Zitronensaft, abgeriebener Zitronenschale, Salz und Pfeffer würzen.

Tipp Mit dieser Füllung können auch Cannelloni gefüllt werden.

Wildkräuter-Kartoffelpüree

800 g mehlig kochende Kartoffeln
ca. 1 dl/100 ml Milch oder Rahm/Sahne
2 EL Olivenöl extra nativ
150 g gemischte Wildkräuter für Spinat, z. B. Vogelmiere, Giersch, Brennnesseln, Taubnesseltriebspitzen, Leimkrauttriebspitzen, Beinwell
30–50 g Brunnenkresse, evtl. wenig Bärlauch, fein gehackt
Salz
frisch gemahlener Pfeffer
frisch geriebene Muskatnuss
Olivenöl extra nativ

Kräuter für die Garnitur

1 Kräuter gründlich waschen. Im Dampf etwa 3 Minuten zusammenfallen lassen, sanft ausdrücken, hacken.

2 Kartoffeln schälen und in Würfel schneiden. Im Dampf weich kochen. Die noch heißen Kartoffeln durch das Passevite/die Flotte Lotte in die Pfanne drehen.

3 Milch oder Rahm erhitzen, so viel Flüssigkeit unter die Kartoffeln rühren, bis das Püree die richtige Konsistenz hat, erhitzen, Kräuter unterrühren, würzen, mit Olivenöl abschmecken.

4 Kartoffelpüree anrichten: einen großen runden Guetzli-/Kleingebäckausstecher jeweils auf den Teller legen, mit dem Wildkräuter-/Kartoffelpüree füllen. Ausstecher entfernen. Mit Kräutern garnieren.

Serviervorschlag Gut zu diesem Kartoffelpüree passen im Olivenöl gebratene Shiitake.

Spaghetti mit Brennnesseln, Bärlauch und geräuchertem Fisch

400 g nicht zu feine Spaghetti
150–200 g (2 Handvoll)
sehr junge Brennnessel-
triebspitzen

ca. 6 EL Olivenöl extra nativ
100 g Bärlauchblätter, in Streifen
4 geräucherte Forellenfilets,
in Streifen
Salz
frisch gemahlener Pfeffer

Blüten nach Belieben

1 Spaghetti in reichlich Salzwasser al dente kochen, Brennnesseltriebspitzen die letzten 2 Minuten mitkochen (ältere Brennnesseln haben eine längere Garzeit; es empfiehlt sich in diesem Fall, die Blätter von den Stielen zu zupfen). Abgießen.

2 In einer weiten beschichteten Bratpfanne das Olivenöl erwärmen, Forellen darin erwärmen, Bärlauch zugeben, nur kurz erhitzen. Spaghetti zugeben. Alles gut vermengen.

Wildkräuter Brennnesseln durch Melde oder jungen Giersch oder ein Wildkräuter-Potpourri ersetzen.

Kartoffel-Wildkräuter-Auflauf mit Bergkäse

600 g mehlig kochende Kartoffeln
2 EL Speckwürfelchen
1 mittelgroße Zwiebel, in Streifen

Guss
4 Freilandeier
1 dl/100 ml Rahm/Sahne
100 g gemischte Wildkräuter, z. B. Vogelmiere, Giersch, Brennnessel, Melde, Franzosenkraut, Leimkraut usw.
50 g Bergkäse oder Formagella, auf der Röstiraffel gerieben
frisch gemahlener Pfeffer
Salz

Butterflocken zum Bestreuen

1 Kartoffeln in der Schale im Dampf weich kochen, heiß schälen und zerstoßen/zerstampfen. In eine mit Butter eingefettete Gratinform verteilen. Zwiebeln und Speck darüberstreuen.

2 Wildkräuter gründlich waschen. Im Dampf zusammenfallen lassen, hacken. Ganz junge Kräuter kann man auch roh hacken.

3 Backofen auf 180 °C vorheizen.

4 Für den Guss Eier und Rahm verquirlen, Käse und Wildkräuter untermischen, mit Salz und Pfeffer abschmecken. Über die Kartoffeln verteilen. Mit Butterflocken belegen.

5 Kartoffel-Wildkräuter-Auflauf in der Mitte in den Ofen schieben und bei 180 °C 30 bis 40 Minuten backen.

Tipp Dieses Rezept ist bei meinen Kindern der Favorit aus der Wildkräuter-Küche.

Pasta mit Hopfensprossen und Shiitake

350 g nicht zu feine
Spaghetti
150–200 g Hopfensprossen
3 EL Olivenöl extra nativ

3 EL Olivenöl extra nativ
150 g Shiitake, in Streifen
Salz
frisch gemahlener Pfeffer

Pecorino oder Sbrinz

1 Spaghetti gemäß Packungsbeschrieb in einem großen Topf in reichlich Salzwasser al dente kochen, Hopfensprossen die letzten 2 bis 3 Minuten mitkochen. Abgießen. In den Topf zurückgeben, mit dem Olivenöl vermengen, warmhalten.

2 Shiitake in einer beschichteten Bratpfanne im Olivenöl braten, mit Salz und Pfeffer würzen. Pilze unter die Spaghetti mischen. Käse separat servieren.

Nudeln mit Tomaten und Melde

400 g Fleischtomaten
2 EL Olivenöl extra nativ
Kräutersalz
120–200 g junge Meldetrieb-
spitzen, evtl. gemischt
mit jungem Fuchsschwanz
350 g breite Bandudeln
150 g Büffelmozzarella, gewürfelt
frisch gemahlener Pfeffer

Olivenöl extra nativ
zum Beträufeln

1 Tomaten an der Spitze kreuzweise einschneiden, in einem Schaumlöffel in kochendes Wasser tauchen, bis sich die Haut löst, die Tomaten schälen, den Stielansatz ausstechen. Gemüsefrüchte vierteln, die gallertartige Masse mit den Kernen entfernen, Fruchtfleisch in Würfelchen schneiden.

2 Melde gründlich waschen. Im Dampf zusammenfallen lassen.

3 Nudeln gemäß Packungsbeschrieb in einem großen Topf in reichlich Salzwasser al dente kochen, abgießen.

4 Tomatenwürfelchen im Olivenöl sautieren/andünsten, mit Kräutersalz abschmecken. Melde und Nudeln zufügen, mischen, erhitzen. Mozzarella unterrühren, mit Pfeffer abschmecken. Anrichten. Mit Olivenöl beträufeln.

Portulak

Pikante und süße Kuchen, Basics

Grüne Hexenquiche

1 großer runder Bio-Blätterteig

Belag
4 Freilandeier
180 g Crème fraîche
50 g geriebener Sbrinz
Olivenöl extra nativ
2 Handvoll Leimkrauttriebspitzen
1 große Handvoll Bärlauch
Salz
frisch gemahlener Pfeffer

1 Den ausgerollten Blätterteig in die Form legen. Mit einer Gabel einige Male einstechen.

2 Für die Füllung die Leimkrauttriebspitzen gut waschen und trockenschleudern.

3 Backofen auf 180 °C vorheizen.

4 Leimkrauttriebspitzen in wenig Olivenöl 2 bis 3 Minuten dünsten, hacken.

5 Bärlauchblätter entstielen, in grobe Streifen schneiden.

6 Eier verquirlen, Crème fraîche, Sbrinz, Leimkraut und Bärlauch unterrühren, abschmecken mit Salz und Pfeffer. Auf den Teigboden verteilen.

7 Die Hexenquiche auf der zweituntersten Schiene in den Ofen schieben, bei 180 °C etwa 25 Minuten backen.

Variante Bärlauch durch Giersch ersetzen. Diesen zuerst im Dampf zusammenfallen lassen.

Hexenquiche Der Bärlauch macht die Quiche giftiggrün. Dem verdankt sie denn auch ihren Namen.

Einfache Wildkräuterquiche

1 ausgerollter runder Bio-Blätterteig

Belag
4 große Handvoll gemischte Wildkräuter: Vogelmiere, Melde, Giersch, Franzosenkraut, Brennnesseltriebspitzen, Taubnesseltriebspitzen usw.

Guss
4 Freilandeier
2 dl/200 ml Rahm/Sahne
70 g geriebener Käse, z. B. Sbrinz
20 g Speckwürfelchen nach Belieben
Salz
frisch gemahlener Pfeffer

1 Wildkräuter gründlich waschen. Im Dampf zusammenfallen lassen, grob hacken.

2 Backofen auf 180 °C vorheizen.

3 Für den Guss Eier und Rahm verquirlen, Käse und Speck unterrühren.

4 Blätterteig in die Form legen, mit einer Gabel einige Mal einstechen. Kräuter auf den Teigboden verteilen, Guss darübergießen.

5 Quiche auf der zweituntersten Schiene in den Ofen schieben, bei 180 °C 30 bis 40 Minuten knusprig backen.

pikante Kuchen

Wildkräuter-Flammkuchen

1 rechteckig ausgerollter Bio-Pizzateig

Belag
180 g Crème fraîche
100 g Ziegenfrischkäse
Wildkräutersalz
frisch gemahlener Pfeffer
1 große rote Zwiebel, in feinen Ringen
50 g junger Giersch
2 EL Olivenöl extra nativ
2 EL Speckwürfelchen

1 Giersch eventuell entstielen, gründlich waschen, trockenschleudern, hacken. Giersch mit dem Olivenöl mischen.

2 Backofen auf 230 °C vorheizen.

3 Pizzateig auf einen mit Olivenöl eingefetteten Blechrücken legen, mit einer Gabel regelmäßig einstechen. Crème fraîche darauf verstreichen. Frischkäse darüberbröckeln, mit Wildkräutersalz und Pfeffer würzen. Mit den Zwiebelringen bestreuen.

4 Flammkuchen auf der zweituntersten Schiene in den Ofen schieben, bei 230 °C 20 Minuten backen. Nach 12 Minuten Gierschpaste und Speck darauf verteilen und fertig backen.

Tipp Dieser Flammkuchen passt wunderbar zum Aperitif. Er ist zusammen mit Weißwein, Roséwein oder Holunderblüten-Prosecco ein Hochgenuss.

Einfacher Wildkräuterkuchen

1 rechteckig ausgerollter Bio-Blätterteig

600 g gemischte Wildkräuter, z. B. Melde, Brennnessel-triebspitzen, Giersch, Franzosen-kraut, Fuchsschwanz
10 wilde Zwiebeln oder
1 kleine Zwiebel, fein gehackt
3 Freilandeier, verquirlt
3 dl/300 ml Rahm/Sahne
4 EL Hartweizenmehl (Dunst für Pasta)
Salz
frisch gemahlener Pfeffer
Olivenöl extra nativ

1 Kräuter portionsweise waschen und im Dampf 3 bis 5 Minuten blanchieren. Ausdrücken und fein hacken.

2 Rahm und das mit wenig Wasser angerührte Mehl unter Rühren erhitzen, kurz köcheln. lassen. Pfanne von der Wärmequelle nehmen, Wildkräuter, Zwiebeln und Eier unterrühren, mit Salz und Pfeffer abschmecken.

3 Backofen auf 180 °C vorheizen.

4 Teig in die rechteckige Form legen, die Füllung darauf verteilen.

5 Wildkräuterkuchen auf der zweituntersten Schiene in den Ofen schieben, bei 180 °C etwa 40 Minuten backen.

Tipp Der Kuchen schmeckt auch mit nur einer Sorte Wildkräuter vorzüglich, z. B. Melde (gibt es ja reichlich).

Hopfensprossen-Quiche

für eine Form von 26–28 cm Durchmesser

Quarkmürbeteig

250 g Dinkelweißmehl/ Mehl Type 630
1 Msp Salz
100 g kalte Butterstückchen
60 g Vollmilchquark oder Rahm-/Sahnequark
½ dl/50 ml Wasser

Belag

150 g junge Hopfensprossen
3 Freilandeier
2 dl/200 ml Rahm/Sahne
150 g Frischkäse, z. B. Ziegenfrischkäse
3 EL Sbrinz oder Pecorino
50 g Speckwürfelchen
Salz
frisch gemahlener Pfeffer

1 Für den Teig Mehl und Salz in einer Schüssel mischen, Butterstükchen zugeben und mit dem Mehl krümelig reiben. Quark und Wasser zugeben, rasch zu einem Teig zusammenfügen. Teig zwischen Klarsichtfolien auf Formgröße ausrollen, in die mit Butter eingefettete Form legen. 30 Minuten oder länger kühl stellen.

2 Backofen auf 200 °C vorheizen.

3 Die Hopfensprossen im Dampf 2 bis 3 Minuten blanchieren, mit kaltem Wasser abschrecken, eventuell zerkleinern.

4 Backofen auf 200 °C vorheizen.

5 Eier verquirlen, Rahm, Frischkäse, Sbrinz und Speckwürfelchen unterrühren, würzen.

6 Hopfensprossen auf den Teigboden verteilen, Guss darübergießen.

7 Form auf zweitunterster Schiene in den Ofen schieben, Hopfensprossen-Quiche bei 200 °C etwa 25 Minuten backen.

Feldthymian-Zitronen-Quiche

Dessert

für eine Form von 26 cm Durchmesser

Mürbeteig

250 g Dinkelweißmehl/ Mehl Type 610
130 g Zucker
1 Prise Salz
140 g kalte Butterstückchen
2 Freilandeier, verquirlt
1 unbehandelte Zitrone, abgeriebene Schale

Füllung

4 Freilandeier
4 EL Akazien- oder Wiesenblütenhonig
150 g Ricotta
1 EL Pfeilwurzelmehl oder Maisstärke
3 unbehandelte Zitronen, abgeriebene Schale von einer Zitrone, Saft von allen Zitronen
3–4 TL abgezupfte Feldthymianblättchen, gehackt

1 Für den Mürbeteig Mehl, Zucker und Salz in einer Schüssel mischen, Butterstückchen darüberstreuen, mit dem Messer hacken, Eiermasse unterrühren, rasch zu einem Teig zusammenfügen. Teig zwischen Klarsichtfolien auf Formgröße ausrollen, in die eingefettete Form legen. 30 Minuten kühl stellen.

2 Backofen auf 180 °C vorheizen.

3 Für die Füllung Eier verquirlen, übrige Zutaten unterrühren, auf den Teigboden verteilen.

4 Feldthymian-Zitronen-Quiche auf der zweituntersten Schiene in den Ofen schieben, bei 180 °C 25 Minuten backen.

Tipp Quiche mit Blüten von Thymian, Veilchen oder Stiefmütterchen garnieren. Mit Schlagrahm/ -sahne servieren.

Thymianlikör

60 g frische Thymiantriebspitzen
mit Blüten
6–7 dl/600–700 ml guter Grappa
oder Korn
400 g Zucker
2 dl/200 ml Wasser

1 Thymian in eine Flasche mit Schraubverschluss füllen, mit dem Grappa auffüllen. Flasche verschließen. 4 Wochen ziehen lassen. Flascheninhalt abseihen.

2 Zucker und Wasser zu Sirup einkochen. Abkühlen lassen.

3 Zuckersirup zum Thymianauszug geben. In Flaschen mit Schraubverschluss füllen. 6 Monate reifen lassen.

Thymiansirup

reichlich Feldthmyian, evtl. mit Blüten
400 g Zucker
2½ dl/250 ml Wasser
1 unbehandelte Zitrone, in Scheiben

1 Thymian in eine Schüssel geben. Zucker und Wasser aufkochen, über den Thymian gießen. Zitronenscheiben zugeben. 1 Woche zugedeckt ziehen lassen. Sirup abseihen.

2 Sirup erhitzen. In vorgewärmte Flaschen mit Schraubverschluss füllen, verschließen. Kühl lagern.

Tipp Angebrochene Flaschen im Kühlschrank aufbewahren.

Holunderblütensirup

200 g abgezupfte Holunderblüten
3 unbehandelte Zitronen, in Scheiben
2 unbehandelte Zitronen, Saft
800 g Zucker
½ l Wasser

1 Holunderblüten, Zitronenscheiben und Zitronensaft in eine Schüssel geben.

2 Zucker und Wasser zu Sirup einkochen, zu den Holunderblüten geben. Mindestens 1 Woche zugedeckt ziehen lassen. Abseihen.

3 Holunderblütensirup aufkochen. In vorgewärmte Flaschen mit Schraubverschluss füllen. Sofort verschließen.

Varianten Nach dem gleichen Prinzip kann man auch aus anderen Wildkräutern, beispielsweise aus Minze oder Thymian, Sirup herstellen.

Wildkräutersalz

30 g entstielte Wildkräuter,
z. B. Dost und Feldthymian
150 g grobes unraffiniertes
Meersalz

1 Kräuter und Salz im Cutter mahlen.

2 Wildkräutersalz in ein Glas mit Schraubverschluss füllen.

Schafgarbe

Meine Wildkräuterbutter

250 g weiche Butter
40 g Wildkräuter z. B. junge
Schafgarbenblättchen,
einige Wiesenkerbelblätter,
wenig Dost (1 Blatt),
junges Karottenkraut,
Wiesensalbei (1 Blatt), einige
Feldthymianblättchen
evtl. mit Blüten, einige Gundelrebenblätter, evtl. 2–3 Bärlauchblätter, Brunnenkresse
Salbeiblüten
Kräutersalz

1 Wildkräuter gut waschen und trockenschleudern.

2 Salbeiblüten und alle Kräuter fein hacken.

3 Weiche Butter luftig aufschlagen, Kräuter unterrühren, mit Kräutersalz abschmecken.

4 Mit Hilfe der Alufolie 2 bis 3 Rollen formen. Im Kühlschrank oder Tiefkühler fest werden lassen.

Tipp Kräuter je nach Jahreszeit variieren. Die gleiche Wildkräutermischung kann man auch für Kräuterquark oder Kräuterfrischkäse verwenden.

Verwendung Die Kräuterbutter schmeckt wunderbar als Brotaufstrich, zu gekochten Schalenkartoffeln (Gschwellti) und mit Pasta vermengt.

Stichworte

Literatur

Essbare Wildpflanzen, 200 Arten bestimmen und verwenden
Guido Steffen Fleischhauer u. a.; AT Verlag

Mit Pflanzen verbunden
Wolf Dieter Storl; Kosmos Verlag

Wesen und Signatur der Heilpflanzen
Roger Kalbermatten; AT Verlag

Enzyklopädie der essbaren Wildpflanzen
Guido Steffen Fleischhauer; AT Verlag

Wildpflanzensalate
Guido Steffen Fleischhauer; AT Verlag

Das Wald- und Wiesen-Kochbuch
Dietmar Eirich; Ludwig Verlag

Essbare Wildkräuter und Früchte
Joachim Mayer, Jutta Nerger; Urania Verlag

Delikatessen aus Unkräutern
Graupe, Koller; Orac

Heilkräuter und Zauberpflanzen zwischen Haustür und Gartentor
Wolf Dieter Storl; AT Verlag

Wildfrüchte, Gemüse und Kräuter
Elisabeth Mayer; Leopold Stocker Verlag

Mediterrane Wildpflanzen
Natur Bibliothek

Fachzeitschriften Natürlich, Heilpraxis-Magazin Schweiz, Natur und Heilen